Carlos Manuel Martín Jiménez

CASTILLOS
DE VALLADOLID

De fronteras, comunidades y señoríos

Primera edición: mayo de 2024

© De la obra, Carlos Manuel Martín Jiménez, 2024
© De la edición, Wifredo Román Ibáñez, 2024
© De las fotografías e ilustraciones, sus autores

Edita

Diseño y Maquetación
www.elaticografico.com

Fotografías
Carlos Manuel Martín Jiménez
(excepto las atribuidas, a pie de foto, a otros autores)

Ilustraciones
José Damián Simal

Fotografías de portada y contraportada
Vista suroriental del castillo de Peñafiel
y antiguas caballerizas del castillo de Trigueros del Valle (Carlos M. Martín)

ISBN: 978-84-123950-8-2
Depósito Legal: P.96-2024

Impreso en España | *Printed in Spain*

«¡Castillos de Valladolid! Son tantos y tan importantes, en su serena majestad, que ante ellos pudo decir el conde de Gamazo que el Esgueva, más que el Rhin, está flanqueado de fortalezas señoriales... Los castillos son la emoción suprema del paisaje español».

El marqués de Lozoya
Castillos y murallas de Valladolid

...

«Arrogante y poderosa en su perspectiva, robusta y fortísima en sus condiciones de fabricación, superior y del todo inexpugnable á los esfuerzos del arma blanca, nada dejaba que desear, en aquel tiempo, al arte de la guerra».

Juan Ortega Rubio
Los pueblos de la provincia de Valladolid

...

«Los castillos de Valladolid están en la historia de España. La fortaleza de Portillo asegura la prisión de don Álvaro de Luna, el antes prepotente valido, ya listo para el patíbulo. La insurgencia comunera -libertad para Castilla- está ligada a los castillos de Torrelobatón y Fuensaldaña. Sueñan los Reyes Católicos dentro del recinto de la Mota; en sus cárceles gemirán César Borja, Hernando Pizarro, Rodrigo Calderón. En tupido misterio iría creciendo dentro de la fortaleza de Villagarcía de Campos, "Jeromín", el futuro generalísimo de la Liga en la batalla naval de Lepanto. Y si de historia hablamos, Simancas, con su castillo-archivo, henchido de pergaminos y papeles: ríos de tinta, kilómetros de nuestro ayer poderoso».

J. J. Martín González
Castillos y murallas de Valladolid

ÍNDICE

Castillo de Peñafiel | *CORTESÍA DE ISRAEL BUSTAMANTE MARTÍN.*

INTRODUCCIÓN

Si señalamos sobre el mapa de Valladolid los castillos y murallas que, con mejor o peor fortuna, han soportado el paso de los siglos, dibujaremos un verdadero enjambre de vestigios, una constelación de hitos que jalona hasta los rincones más recónditos de su territorio. La profusión de castillos es, junto a la «amplitud marina de sus horizontes»[1], uno de los factores que convierten a la provincia en paradigma del tópico concepto sentimental de Castilla que anida en el subconsciente colectivo.

Los castillos son, además, arquitectura viva. Muchas de estas muestras de construcción defensiva han sufrido importantes modificaciones, que afectan tanto a su *vida interior* como a su aspecto exterior. Algunos edificios –por fortuna los menos– continúan experimentando un implacable proceso de arruinamiento. Por el contrario, una amplia mayoría ha sido objeto de intervenciones orientadas a su consolidación y conservación. Algunas de esas restauraciones han modificado aspectos sustanciales de su fisonomía anterior,

para aproximarla a la que debieron tener en origen, y también hemos asistido a un proceso de reconversión del uso de estos edificios[2]. Unos se han transformado en sede de aulas y centros de interpretación vinculados al patrimonio, mientras otros han sido reaprovechados para diferentes actividades culturales y como centros expositivos, existiendo también casos de conversión en establecimientos de hostelería.

Desde un punto de vista legal, todos los castillos españoles gozan de protección. El Decreto de 22 de abril de 1949 determina, en su artículo primero, que «*Todos los castillos de España, cualquiera que sea su estado de ruina, quedan bajo la protección del Estado, que impedirá toda intervención que altere su carácter o pueda provocar su derrumbamiento*». Esta norma emanaba del Ministerio de Educación Nacional y atribuye a los Ayuntamientos en cuyo término municipal se conserven, responsabilidad sobre «*...todo daño que pudiera sobrevenirles*». La disposición adicional segunda de la ley 16/1985, de 25 de junio, del Patrimonio Histórico Es-

Introducción

pañol determinó que «*Los bienes que con anterioridad hayan sido declarados históricos-artísticos o incluidos en el Inventario del Patrimonio Artístico y Arqueológico de España, pasan a tener la consideración y a denominarse Bienes de Interés Cultural*», mientras que la disposición segunda matizaba que «*Se consideran asimismo de interés cultural y quedan sometidos al régimen previsto en la presente Ley los bienes a que se contraen los Decretos de 22 de abril de 1949...*». Así pues, todos los castillos de España gozan de protección como Bienes de Interés Cultural -BIC, en acrónimo-.

Las muestras de arquitectura fortificada que salpican el territorio de Valladolid presentan notoria heterogeneidad, aunque todas ellas participan de una nota común: ejercen una singular fascinación en el visitante. Es imposible contemplar uno de estos cíclopes de cantería, mampuesto, ladrillo o tapial sin evocar escenas legendarias. Posiblemente esta capacidad evocadora es la clave que explica el embrujo que provoca su mera contemplación. Reflexionaba Ortega y Gasset: «*En esta caza de paisajes que es la excursión, las piezas mayores que cobramos son los castillos y las catedrales (...) los castillos parecen descubrirnos más allá de sus gestos teatrales un tesoro de inspiraciones, que coinciden exactamente con lo más hondo de nosotros*».

Más allá del simple impacto estético, un viaje a través de nuestros castillos permite realizar un ejercicio de retrospección que nos conduce hasta múltiples acontecimientos históricos de la provincia de Valladolid. Nos hará revivir episodios de notable calado y podremos desvelar aspectos de la primera organización social que contribuyó a forjar las bases sobre las que se asientan muchas de las instituciones en las que hoy descansa la participación y representación de la actividad pública.

No son necesarias profundas nociones históricas para comprender los motivos que explican la aparición de cada castillo en un determinado lugar y en una fecha concreta. El conocimiento de un pequeño ramillete de claves bastará para comprender los fenómenos temporales, geográficos y estilísticos que determinaron la aparición de nuestras muestras de arquitectura fortificada. Esta guía aspira a que el lector, al finalizar su lectura, se sienta en disposición de determinar por sí mismo por qué motivo un castillo se edificó en ese lugar, en determinada época y con las características estilísticas que pone de manifiesto.

La pérdida de su utilidad originaria ha conducido a algunos de estos soberbios testigos de nuestra Historia a la decadencia y al olvido, arrastrándolos hasta las puertas del arruinamiento definitivo. Asimismo, la incuria y la irresponsabilidad han sacudido de manera inmisericorde esta parte tan importante de nuestro patrimonio, ocasionando pérdidas irreparables. Pero debemos felicitarnos por los efectos positivos de la actividad restauradora, que ha consolidado muchos edificios y ga-

Castillo de Encinas de Esgueva.

rantiza una larga pervivencia entre nosotros. Y debemos confiar en que este impulso de restauración vaya acompañado del importante esfuerzo de mantenimiento que requieren estos *enfermos arquitectónicos crónicos*, necesitados de constantes cuidados, a fin de que nuestros castillos y fortalezas continúen vigilando las llanadas vallisoletanas para disfrute de muchas generaciones.

Para que el viajero pueda anticipar un juicio de valor sobre el estado en que va a encontrar cada edificio, se han catalogado los diferentes castillos mediante un número de asteriscos que simboliza:

*** Castillos completos y en buen estado de conservación.

** Edificios que han conservado y consolidado una parte muy significativa de su estructura, si bien han sufrido algún tipo de menoscabo en su fábrica primitiva, pese a lo cual mantienen un atractivo muy notable.

* Monumentos que han perdido una parte importante de su vitola original y presentan circunstancias que ponen trabas a su completa visita, y aquellos otros que han sufrido una transformación muy significativa.

Esta guía se propone, asimismo, facilitar información útil para la visita de aquellos edificios que abren sus puertas al público. Las reseñas hacen referencia a la fecha en que se redactan estas líneas, de modo que el lector deberá confirmar la actualidad de la información, que, naturalmente, está sujeta a posibles cambios.

*Tronera de bola y cruz
del castillo de Portillo.*

CONTEXTO HISTÓRICO

La actividad fortificadora en la actual provincia de Valladolid se remonta a tiempos muy remotos, anteriores a la presente Era. Los antiguos pobladores nos legaron vestigios de algunas de las murallas que protegían sus asentamientos, si bien las civilizaciones posteriores reaprovecharon emplazamientos de las añejas estructuras fortificadas para edificar sobre ellas nuevas y más sólidas defensas. De este modo, la mayor parte de aquellas antiguas cercas protectoras quedaron ocultas o fueron sustituidas por otras más *funcionales*. No obstante, rastreando nuestro territorio, hallaremos interesantes huellas de castros celtas dotados con barreras defensivas y amurallamientos de época romana. Siglos más tarde, la singladura de la Reconquista motivó el establecimiento de puntos fortificados para la defensa del territorio conquistado por uno y otro bando, si bien la mayoría de estas muestras, por la endeblez de sus materiales o la provisionalidad de su estructura, sucumbieron a los efectos del tiempo o fueron sustituidas por edificios más consistentes. El propio fenómeno de la repoblación de las tierras recuperadas al poder islámico por la *espada neovisigoda* impuso la necesidad de establecer bastiones defensivos para garantizar la supervivencia de los nuevos habitantes. Asimismo, las luchas fratricidas que desangraron a los reinos de León y Castilla obligaron a reforzar la defensa de las fronteras, dando lugar a una intensa actividad fortificadora. Otros sucesos relacionados con las disputas por el trono real trajeron como consecuencia indirecta fenómenos como el de la *señorialización*, que propiciaron la irrupción de pequeños núcleos de poder que también fomentaron la construcción de edificios defensivos. Alguno de nuestros castillos aparece a su vez relacionado con el levantamiento armado que tuvo lugar en los albores del reinado de Carlos I y dio lugar a la denominada Guerra de las Comunidades. En definitiva, antes de abordar el estudio de cada uno de los castillos y fortalezas resulta interesante realizar un breve repaso a estos antecedentes históricos, a través de escuetas pinceladas cuyo conocimiento es útil para comprender diversos aspectos relacionados con su origen o transformación.

VALLADOLID EN TIEMPOS REMOTOS

Durante la Edad del Cobre -primera etapa de la Edad de los Metales- los habitantes de esta tierra comenzaron a agruparse en poblados y a defender sus asentamientos con cercas protectoras, como atestiguan los vestigios de la antiquísima Muralla de Pico de la Mora, datada en torno al año 2900 a. de C. que la Arqueología rescató del olvido en las inmediaciones de Peñafiel. Con el desarrollo de la Edad del Hierro se generaliza el amurallamiento de los castros, que en Valladolid cuentan con un exponente tan destacado como el de El Soto de Medinilla, a la vera de la capital.

Si nos remontamos al comienzo de la Segunda Edad del Hierro, siglo V a. de C., hallaremos un panorama caracterizado por la presencia de un conjunto sumamente heterogéneo de pobladores, que aparecen representados en la provincia por los núcleos *protovacceos* de Simancas.

Hacia el año 300 a. de C. se hace patente en el territorio de Castilla y León un variado elenco de núcleos celtibéricos, con un nutrido grupo de tribus. Han dejado huella de su presencia en este territorio, v. gr., arévacos, pelendones, autrigones, módigos, astures, vettones o vacceos. Estos últimos capitalizaron la representación de los pueblos prerromanos en el territorio de Valladolid, levantando la ciudad de Pintia en el actual término de Padilla de Duero. Del mismo modo, la villa de Tiedra tiene su origen en un núcleo vacceo asentado sobre el Cerro de la Ermita[1].

Las estructuras de las murallas construidas durante la Edad del Hierro fueron con frecuencia *reaprovechadas* por pobladores posteriores para levantar sobre sus cimientos nuevas defensas que ocultaron al precedente original. En consecuencia, esta etapa sirvió como precursora de la actividad fortificadora que habría de desarrollarse posteriormente.

LA DOMINACIÓN ROMANA

Las primeras incursiones del Imperio romano para hacerse con el dominio de la península Ibérica se remontan a la primera mitad del siglo II a. de C. Durante una centuria y media se sucedieron episodios bélicos que enfrentaron a las huestes de Roma con los pobladores locales. El Imperio acabó sometiendo las tierras que hoy conforman el mapa de Valladolid e imponiendo un periodo de *pax romana*, de la mano de Augusto. Comienza entonces una etapa de relativa estabilidad social que no conocerá grandes convulsiones hasta la llegada de los denominados *invasores bárbaros*, allá por el año 409.

El paso del Imperio por tierras vallisoletanas ha dejado un notable

Área arqueológica de la necrópolis de Pintia, en Padilla de Duero.

legado. La villa romana de La Calzadilla, en tierras de los municipios de Almenara de Adaja y Puras, fue edificada en el s. IV y conserva una interesante colección de mosaicos en buen estado. También se atribuye cronología tardorromana –si bien algunos vestigios arqueológicos sugieren la existencia de un precedente datado en el Alto Imperio– al yacimiento de la villa de Las Calaveras, en término de Renedo de Esgueva[2]. Algunas poblaciones vacceas fueron asaltadas y conquistadas por las legiones romanas, como la ciudad de Pintia, más tarde romanizada. La población vaccea de Tiedra Vieja, que debió contar con un buen sistema defensivo, resultó asimismo romanizada y alcanzó prosperidad hasta el desvanecimiento del dominio imperial.

De acuerdo a su vocación militar expansiva, los romanos desarrollaron una intensa actividad fortificadora –algunas de sus obras pudieron ser aprovechadas por grupos étnicos que ocuparon el territorio con posterioridad[3]–. Sobre el origen de la cerca del castillo de Curiel de Duero existen tesis opuestas, pues mientras algunos autores opinan que ciertas partes de su estructura revelan la preexistencia de un *castella* romano, otros retrasan su cronología hasta el s. XII. Por su parte, el castillo de San Pedro de Latarce fue edificado sobre un precedente romano, del que se han conservado algunos vestigios de la muralla original.

Contexto histórico

Mosaico del Museo de las Villas Romanas, en Almenara de Adaja.

ANTIGÜEDAD TARDÍA

Este periodo se inicia tras la desintegración de la *Antigüedad Clásica*, a partir del siglo III, y se prolonga hasta el siglo VIII, con la integración de Al-Andalus en el califato Omeya. En nuestro ámbito territorial, buena parte de dicho periodo se corresponde con la instauración y hegemonía del reino visigodo. Este reino conoció dos periodos de prosperidad. Nueve monarcas y un regente lo dirigieron durante el denominado *reino arriano español*, que abarca desde inicios del siglo VI hasta la abjuración del arrianismo en Concilio convocado por Recaredo y celebrado en Toledo en el año 586. La prosperidad del nuevo *reino visigodo católico* ter-

minará el año 711, cuando el monarca don Rodrigo sucumbe ante los ejércitos que abordan la península desde tierras africanas[4].

Las murallas que protegían los asentamientos visigodos se edificaban con estructura de paramento doble, que se rellenaba y consolidaba con mortero. Contaban además con torres defensivas cuadradas reforzadas en su paramento exterior, siguiendo una pauta común en la Antigüedad tardía, época en la que hicieron fortuna algunos postulados de la arquitectura militar bizantina.

Los visigodos no asentaron núcleos relevantes de población en tierras vallisoletanas y tampoco legaron muestras arquitectónicas notables, al margen de algunas necrópolis, como las de Piña de Esgueva, San Miguel del Arroyo, Simancas... Según las *Fuentes Isidorianas,* el rey Chindasvinto y su cónyuge Reciberga fueron enterrados en un monasterio ubicado en San Román de Hornija. Por otro lado, la nebulosa cubre los perfiles de la antigua Gérticos, a la que ciertos estudios citan como villa de descanso del rey Recesvinto. A su fallecimiento, Wamba fue elegido como nuevo monarca en dicha villa[5]. Diversos tratados identifican esta población con la localidad de Bamba,

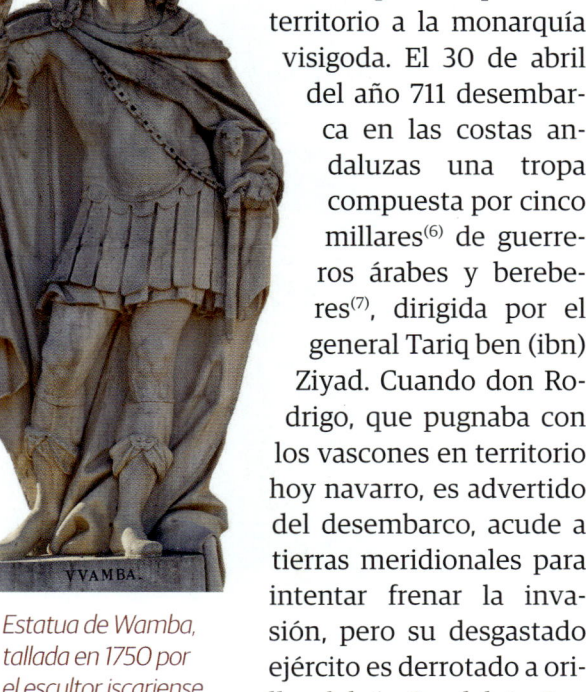

Estatua de Wamba, tallada en 1750 por el escultor iscariense Alejandro Carnicero.

que más tarde ajustaría su nombre al del monarca que pudo ser allí coronado, si bien existen otros autores que sitúan Gérticos en tierras de Salamanca. Algunos restos hallados en la iglesia de Santa María de Wamba permiten presumir la existencia de un templo precedente de cronología visigoda.

LLEGADA DE TROPAS ÁRABES Y BEREBERES Y RECONQUISTA

A comienzos del siglo VIII, el reino visigodo evidenciaba alarmantes síntomas de descomposición interna, consumido en pugnas fratricidas. Consciente de esta situación, el valí Musa ben Ziyad decide enviar un poderoso ejército a la penínsu-

la Ibérica para disputar el territorio a la monarquía visigoda. El 30 de abril del año 711 desembarca en las costas andaluzas una tropa compuesta por cinco millares[6] de guerreros árabes y bereberes[7], dirigida por el general Tariq ben (ibn) Ziyad. Cuando don Rodrigo, que pugnaba con los vascones en territorio hoy navarro, es advertido del desembarco, acude a tierras meridionales para intentar frenar la invasión, pero su desgastado ejército es derrotado a orillas del río Guadalete. Las tropas islámicas apenas encuentran obstáculos al avanzar por la península y en pocos años el Califato Omeya rinde a su dominio la mayor parte de aquella *Spania* de la que hablan las fuentes visigodas. Los últimos combatientes vernáculos se ven obligados a refugiarse en la montaña asturiana. Surge allí un foco de resistencia que lidera Pelayo, un personaje de la nobleza local que en un *Concilium* celebrado en el año 718 es elegido caudillo del movimiento de resistencia. Cuatro años después, el reducto de resistencia organizado en torno a la denominada *Cova Dominica* derrota al ejército agareno. El éxito de Covadonga genera euforia y las huestes cristianas refuerzan

Fortaleza califal de Gormaz, situada en la provincia de Soria.

su decisión de restaurar el reino visigodo. Los sucesores de Pelayo -Fáfila (Favila, según otras fuentes), Alfonso I, Fruela I y Silo- consiguen asentar la organización político-administrativa del nuevo reino cristiano. Sobre esta base, Alfonso II proclama el ideal *neogoticista* para la reinstauración de la monarquía visigoda de Toledo. La lucha por la recuperación territorial que abordan las tropas cristianas da lugar al proceso histórico de la *Reconquista* -término que cuestionan algunos historiadores, tachándolo de sectario y simplista o apreciando en él cierta *toxicidad ideológica*-. En 866 accede al trono Alfonso III *el Magno*, quien continúa la consolidación del dominio cristiano que el reino astur

ejerce sobre una amplia parcela del norte peninsular. La línea que dibuja el Duero en la meseta septentrional es una referencia emblemática en los albores de la décima centuria. En el año 939 Ramiro II consigue en Simancas una importante victoria frente a Abderramán III, episodio que va a consolidar el dominio cristiano sobre el tercio noroccidental de la península[8].

En 1085 Alfonso VI toma Toledo y se intitula *Emperador de las dos religiones -dul-milla-tayu-*. Esta victoria traslada la frontera de conflicto hasta el Tajo, de modo que los siguientes episodios de la *Reconquista* quedarán alejados del marco geográfico vallisoletano[9].

Las escaramuzas bélicas acaecidas en esta tierra entre los siglos VIII y X dejaron su impronta en la arquitectura militar de la época. Durante este periodo, los ejércitos cristianos se sirvieron de ciertos tipos característicos de fortificación, entre los que destacan el castillo roquero y la torre defensiva. También se mostró eficaz la consolidación o el refuerzo de las viejas murallas edificadas en la *Antigüedad tardía* sobre poblaciones de la etapa tardorromana. Los denominados «castros amurallados de primera repoblación»[10] se emplazaron en ocasiones sobre los restos de asentamientos prerromanos y se protegieron, habitualmente, con reducidas murallas fabricadas con tapial y carentes de torres.

Son años de una frenética actividad de fortificación, si bien la endeblez y provisionalidad de algunos materiales han ocasionado la pérdida de muchas de aquellas muestras de arquitectura militar de Reconquista. Los historiadores reconocen vestigios de esta etapa en localidades como Peñafiel –su actual castillo *engulló* la obra iniciada en el siglo X–, Olmedo, San Pedro de Latarce o Mayorga de Campos.

ORÍGENES DEL CONDADO DE CASTILLA

La voz *Castilla* aparece documentada por primera vez en una carta fundacional firmada por el abad Vitulo, en la que se da cuenta de la consagración de una basílica edificada en el Valle de Mena, dedicada a los santos Emeterio y Celedonio, y de otro templo dedicado a San Martín, «en *Aria Patrianio*, en el *territorio de Castilla*». Corría el año 800[(11)]. Los monarcas cristianos se entregaban febrilmente a la recuperación del terreno *invadido* y, para garantizar la consolidación de lo conquistado, encomendaban a sus condes la necesaria tarea de fijar población, una colonización que se llevó a efecto mediante el denominado *sistema de presura* de las tierras aledañas a un núcleo de influencia.

La unificación del Condado de Castilla bajo una misma autoridad

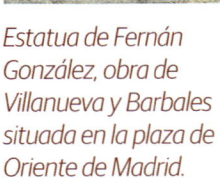

Estatua de Fernán González, obra de Villanueva y Barbales situada en la plaza de Oriente de Madrid.

llega de la mano de Fernán González, hijo del también conde Gonzalo Fernández que se intitula como conde de Castilla. Fray Justo Pérez de Urbel ha destacado la existencia de «dos Castillas», una a la vera de los ríos Ebro y Arlanzón y otra por la orilla del Duero y alrededor del Arlanza. En opinión del medievalista benedictino, sus titulares se hallaban en casi permanente pendencia. Según algunas opiniones, la llegada al trono del rey leonés Ramiro II, en el año 931, favoreció los intereses de Fernán González en su propósito de unificar el Condado de Castilla frente a sus oponentes Fernando Ansúrez y el conde de Álava, Álvaro Herraméliz, que habían apoyado a Alfonso IV. No existe, en cualquier caso, unanimidad a la hora de interpretar estos acontecimientos, en parte por la incertidumbre que provoca la precariedad de las fuentes.

Pese a que, al menos testimonialmente, el Condado de Castilla dependía de la Corona de León, lo cierto es que ya en sus albores existe una evidente fragmentación del poder real y una creciente influencia de las clases nobiliarias frente a la debilitada monarquía. La unificación del Condado bajo mando de Fernán González marca el inicio de un proceso de separación de la monarquía leonesa. La llegada al trono leonés de Ordoño III –hijo de Ramiro II– señala el comienzo de una etapa de decadencia monárquica. El reino cristiano acusa notable debilidad y se ve obligado a pactar con el Califato. En paralelo, en el Condado de Castilla se da una labor de repoblación de la ribera meridional del Duero, entre Peñafiel y Osma, y se acrecienta la figura de Fernán González como valedor de la unificación del Condado, en plena expansión territorial y consolidación política. Fernán transmitirá el poder a su hijo García Fernández con una *aureola regia*. Poco después, en 1029, doña Mayor, esposa del monarca navarro Sancho II *el Mayor*, recibirá el Condado de Castilla, que va a legar a su hijo Fernando I, quien lo eleva a la categoría de reino y se intitula primer monarca castellano en 1035.

Un proceso resumido con estas palabras por J. Manuel Parrilla: *«Esforzada contienda la del pequeño Condado para saltar "peñas abajo", desde las verdes montañas del Norte hasta el río Duero, el antiguo Durri de los romanos, y establecer allí su frontera de agua, de monasterios y castillos».*

REPOBLACIÓN MOZÁRABE

La invasión musulmana generó una situación complicada para los habitantes de tradición hispano-romana que permanecieron bajo el dominio de los recién llegados. Los tratados denominan *muladíes* a aquellos que, guiados por la conveniencia, abrazaron la fe musulmana, mientras designan como *mozárabes* a quienes, fieles a su tradición religiosa, resistieron el influjo ideológico del invasor y mantuvieron sus costumbres. El poder musulmán mostró cierta tolerancia hacia las denominadas Religiones del Libro, de modo que, con ciertas restricciones y mediante el pago de impuestos especiales, consintió el ejercicio privado y reservado del cristianismo. Sin embargo, la presión y la discriminación padecidas por los cristianos motivaron un éxodo hacia las tierras reconquistadas del norte. Los reyes cristianos lo aprovecharon para fomentar la repoblación de las tierras que iban ganando al adversario. Una de las parcelas en las que se registra con mayor claridad este fenómeno es el valle del Duero. Este proceso no ha dejado restos significativos de edificación fortificada en la provincia de Valladolid, pero sí algunas obras excelsas adscritas a la denominada estilística mozárabe –definida por algunos autores como *arte de Repoblación* o *de Reconquista*–, impregnada de influencias del arte islámico y traída a la submeseta septentrional por monjes y alarifes procedentes de Andalucía. Sobresalientes ejemplos de esta tipología, dotada de una extraordinaria singularidad artística, son la iglesia de San

Iglesia mozárabe de San Cebrián de Mazote.

Cebrián de Mazote o la cabecera de Santa María de Wamba.

EXTREMADURAS DE CASTILLA Y DE LEÓN

El topónimo *Extrema Durii* surge en los últimos años del siglo XI para designar las tierras *reconquistadas* al sur del Duero. Aparecen entonces la *Extremadura castellana* y la *Extremadura leonesa* como prolongación de los respectivos dominios. Las fuentes documentales recogen, a partir del siglo XII, frecuentes referencias a esta nueva demarcación. El *Falso Fuero de Peñafiel*, por ejemplo, reseña «*Transacto Duero (...) in Extremadura...*». Queda así delimitado un territorio que abarca la región comprendida entre el río Duero y las serranías del Sistema Central, cuyas crestas señalan el límite meridional de este espacio de fricción.

COMUNIDADES DE VILLA Y TIERRA

La organización del territorio repoblado registra una evolución paralela a la consolidación de la Reconquista. Desde el siglo XI se asiste a la reorganización de comunidades asentadas en las cercanías del tramo medio del Duero, al sur de Simancas o de Curiel. El avance de la frontera hacia el sur posibilita la creación de las Comunidades de Villa y Tierra o de Villa y Aldeas, basadas en el establecimiento de sólidos vínculos

19

Contexto histórico

jurídicos y políticos entre lo que podríamos denominar capital del alfoz -villa generalmente fortificada- y sus núcleos satélites. El territorio actual de la provincia de Valladolid contó con sus propios exponentes de estas comunidades, en torno a la capitalidad de Medina del Campo, Olmedo, Íscar, Portillo, Peñafiel y Curiel. Sus habitantes se regían por fueros especiales, con privilegios otorgados para incentivar la repoblación, y elegían a sus concejos de gobernantes. La inspiración democrática de estos núcleos generó unas características propias desde el punto de vista de su defensa. Así, la ausencia de una clase aristocrática determina la inexistencia de castillos; las villas se protegen con murallas y únicamente levantan

torres en puntos estratégicos, siendo encargado de su ocupación un ejército popular integrado por los propios ciudadanos. Estas comunidades de Villa y Tierra serán engullidas por las ínfulas expansionistas de la clase nobiliaria a partir del siglo XIV, cuando se desarrolla el proceso de la *Señorialización*, favorecido por el debilitamiento de la monarquía y la concesión de favores regios a los linajes aristocráticos.

Desde el punto de vista de la arquitectura fortificada, los últimos años del siglo XI marcan el inicio de un singular proceso de amurallamiento de las entidades locales. Las ciudades se consolidan como nuevo núcleo de organización económica y, en ese contexto, las murallas que

Panorámica desde el pico de La Mora de Peñafiel.

las circundan adquieren un papel decisivo. No sólo como recurso defensivo, sino también como elemento delimitador. El monarca Alfonso X identifica el concepto de ciudad con «toda población amurallada». Los límites de la ciudad debían quedar claramente definidos para poder establecer el conjunto de derechos y obligaciones que incumbían a su comunidad. El transcurso del tiempo hará que la utilidad defensiva inicial de la muralla acabe sustituyéndose por otro cometido de eficacia fiscal, al propiciar las cercas urbanas el control sobre las transacciones mercantiles. En este periodo, que los historiadores prolongan hasta el siglo XIV, los castillos que se edifican son de titularidad principalmente realenga y se sitúan, en su mayoría, próximos a las fronteras de los reinos.

ALFONSO X EL SABIO Y LAS LEYES DE PARTIDAS

Nada menos que 32 leyes dedican las Partidas de Alfonso X el Sabio al modo *«qual debe el Pueblo ser en guardar, è en bastecer, è en defender los Castillos, è las fortalezas del Rey, è del Reyno»*, según reza el título XVIII de la segunda partida. La primera ley del referido título prescribe penas de muerte y pérdida de todo lo que tuviera para quien robase o tomase por engaño –o lo consintiese o aconsejase– un castillo real, como autor de *«traycion conocida»*. Las Partidas desarrollan con minuciosidad un sinfín de aspectos relativos a los castillos,

como quién debe entregar y cómo debe transferirse la posesión de los castillos reales, qué pena se impondrá a quienes no fuesen a recibirlo en el plazo indicado, qué razones justifican que los castillos no sean recibidos de manos de los porteros, justificaciones para que quienes deban recibir un castillo real *«den otros que los reciban por ellos»*, quién puede ser alcaide del castillo, cómo y con qué guarnición deben guardarse o cómo deben ser abastecidos de víveres y armamento.

ENCUENTROS Y DESENCUENTROS DE LOS REINOS DE CASTILLA Y LEÓN

En el año 1035 el Condado de Castilla se había convertido en reino a través de un singular proceso de herencias. El matrimonio del monarca navarro Sancho III *el Mayor* con doña Munia –titular del Condado desde 1029, tras el asesinato del heredero dinástico García Sánchez– condujo al poder político castellano a la influencia de Navarra, en detrimento de su tradicional adscripción al influjo astur-leonés. Así, el segundo hijo de Sancho III, Fernando, recibió en herencia en 1035 las tierras de Castilla. Discuten los historiadores si Fernando I adquirió su legado territorial elevado ya a la categoría de reino o lo convirtió en tal dos años más tarde, tras vencer en Támara al rey leonés Bermudo III. El monarca castellano, casado con doña Sancha, hermana del rey leonés derrotado,

Contexto histórico

Mota del Marqués, una de las localidades situada en la zona de fricción entre los reinos de León y Castilla.

se intituló también rey de León, haciendo efectiva la primera unión de ambos reinos.

A su fallecimiento, Fernando I divide los reinos entre sus hijos Sancho II, a quien lega Castilla, y Alfonso VI, que recibe León. Sin embargo, Sancho se hace con ambos reinos hasta que es asesinado durante un asedio a la plaza de Zamora, circunstancia que motiva el regreso de Alfonso para convertirse en rey de Castilla y León. Su hijo y sucesor, Alfonso VII, se hizo nombrar emperador en León en 1135. Tras su muerte, los reinos de León y Castilla vuelven a separarse en 1157, al tomar Sancho III el reino de Castilla y Fernando II el de León. Durante más de noventa años ambos reinos

van a mantener una independencia sazonada con disputas y fricciones fronterizas. Enrique I sucede a Alfonso VIII en 1214 en la corona castellana, pero su reinado apenas dura un año. Su prematura muerte entrega la corona a su hermana Berenguela, quien abdica para que su hijo Fernando reine en Castilla como Fernando III. Su padre -Alfonso IX, el monarca a quien se atribuye la convocatoria de las primeras cortes democráticas- ostentó coetáneamente la corona leonesa, que pasó a sus hijas Sancha y Dulce a su fallecimiento. Estas renunciaron para que su hermano Fernando III pudiera unificar, en esta ocasión con carácter definitivo, las dos coronas a partir del año 1230.

La implantación de fronteras entre los distintos reinos peninsulares es otro de los fenómenos que determina la aparición de multitud de castillos y fortalezas. La separación de los reinos de León y Castilla entre 1157 y 1230 fue motivo de tensión permanente. La disociación deriva en antagonismo y la fricción fronteriza se hace frecuente, lo que origina el nacimiento de sendos cordones de fortificaciones para la vigilancia y defensa del territorio de contacto. Cierto es que hubo diferentes tratados para pacificar los litigios fronterizos, pero todos ellos resultaban, a la postre, vulnerados. Castilla se había hecho fuerte al este del Pisuerga y se sentía tentada por la jugosa oferta territorial que se extendía hasta el Esla. El espacio comprendido entre ambas arterias fluviales se convirtió en escenario de cruentas y frecuentes disputas, lo que condujo a la aparición de múltiples castillos en las respectivas líneas defensivas.

LA ORDEN DEL TEMPLE

El auge de la peregrinación suscitado tras la primera Cruzada motivó el incremento de las actividades hospitalarias de órdenes militares de naturaleza castrense-religiosa. Se hacía preciso brindar auxilio a los peregrinos y en 1120 Hugo de Paynis, junto a otros cinco caballeros cruzados, crea la Orden del Temple, formulando votos solemnes para defender a los peregrinos, proteger los caminos y combatir a los enemigos de su monarca.

La decadencia de la Orden templaria aparece vinculada a los deseos de venganza de un militante expulsado, que hizo correr los infundios de que los profesos debían negar a Dios al ingresar en la Orden y de que uno de sus artículos incluía una adoración idólatra. El monarca francés Felipe IV, que no veía con buenos ojos a la institución, aprovechó la ocasión para invadir la jurisdicción eclesiástica -que constituía fuero inderogable para los templarios- e investigar estos sucesos. En octubre de 1307 el rey galo auspicia una operación mediante la que se asedian todas las casas del Temple en Francia y se detiene a sus militantes. El papa Clemente V entra en el juego del monarca francés y ordena a los otros reinos de la cristiandad que investiguen la veracidad de las acusaciones. Mediante torturas y toda suerte de estratagemas se consigue arrancar la confesión de los testigos interrogados. A pesar de ello, en 1312 se celebra un concilio en Salamanca en el que se declara la inocencia de todos los templarios de la Corona de Castilla. No obstante, Clemente V sigue haciendo *casus belli* de la cuestión y convoca el Concilio de Vienne, en el que los miembros de la Orden no pueden estar presentes para garantizar su derecho de defensa. La connivencia entre el papado y Felipe IV consiguió burlar con inusitado descaro todos los obstáculos y el 3 de abril de 1312 se decide supri-

Caballeros templarios en el sepulcro del infante Felipe de Castilla, situado en la iglesia de Santa María la Blanca de la localidad palentina de Villalcázar de Sirga.

mir la Orden, a pesar del voto particular del obispo de Valencia, que no dudó en tildar el acuerdo de «contrario a toda razón y justicia».

La presencia templaria en Valladolid dejó diversos rastros. La Orden tuvo bailías en Mayorga de Campos, Ceinos y San Pedro de Latarce –cuyo castillo pasó a sus manos mediante permuta convenida con Alfonso IX en 1203–[12]. La plaza de Villalba de los Alcores perteneció a la Orden de San Juan de Jerusalén y algunos autores vinculan incluso el origen de su castillo a esta titularidad, si bien esta tesis no es unánimemente aceptada. A su vez, la edificación de la iglesia de Santa María del Temple de Castromembibre se atribuye a la Orden de la que

toma su nombre. También la capital vallisoletana acogió en su solar un convento templario, en torno a una ermita dedicada a San Juan Bautista.

EL PROCESO DE SEÑORIALIZACIÓN

Un convulso proceso bélico derivado de las aspiraciones de Enrique de Trastámara al trono de su medio hermano Pedro I sembró la inestabilidad en el reino de Castilla y León en el siglo XIV. Desde un punto de vista ideológico, Pedro I apostaba por un régimen monárquico totalitario, opuesto al protagonismo de la nobleza en el ejercicio de la política y partidario de la incipiente burguesía. Por el contrario, su hermanastro defendía que la nobleza recuperara su preponderancia y apoyaba la capacidad de decisión de los grandes señores -naturalmente, de aquellos que le auxiliasen en sus aspiraciones fratricidas-.

El 14 de marzo de 1369, Enrique II derrota en Montiel a Pedro *el Cruel*, quien, atrincherado en el castillo de la localidad, es emboscado y asesinado por su propio hermanastro. Tras la muerte de Pedro I surgen partidarios del monarca Fernando I de Portugal como aspirante a la corona de Castilla y León, pero Enrique II no tarda en sofocar las revueltas, pone fin a la guerra civil e instaura la dinastía de los Trastámara. Esta, en virtud de la alianza con Francia y mediante una política de equilibrio entre poder real y nobiliario, conocerá tiempos de relativa estabilidad durante los reinados de Juan I y Enrique III.

La dinastía Trastámara instauró una tendencia a la concesión de mercedes y privilegios a las castas poderosas. Los historiadores vinculan el inicio del proceso de Señorialización con las denominadas *mercedes Enriqueñas*, favores concedidos por Enrique II a los nobles que le auxiliaron en su lucha con Pedro I. En consecuencia, Castilla se fracciona en auténticos estados señoriales, con sus propias estructuras de poder controladas por alcaldes mayores y jueces corregidores. De la *fiebre señorializadora* no se salvaron ni las villas de más acendrada tradición realenga. Los estados señoriales alcanzaron una sólida implantación, mientras sus titulares compaginaban su dominio con el ejercicio de funciones en la cámara regia. Notable nombradía alcanzó el señorío de los Enríquez en Medina de Rioseco.

El fenómeno de la Señorialización tuvo reflejo en la proliferación de edificios fortificados, desde los que cada linaje defendía su posición privilegiada. Los historiadores consideran a este proceso determinante en el nacimiento de fortificaciones y lo vinculan a la construcción de los denominados *castillos señoriales*, consecuencia indirecta de la cesión de poblaciones a la nobleza por parte de la realeza. Su entorno cronológico abarca los reinados de Enrique II, Juan I, Enrique III, Juan II, Enrique IV y parte del de Isabel I de Castilla, a partir de la segunda mitad del siglo XIV y durante algo más de una centuria.

El final de este fenómeno llega con el reinado de Isabel I de Castilla, quien contrajo matrimonio en 1469 con su primo segundo Fernando de Aragón en el palacio de los Vivero de Valladolid y accedió al trono en 1474. Isabel *la Católica* dedicó su reinado a modificar el sistema de gobierno y a reorganizar la administración, para fortalecer la Hacienda regia y recuperar competencias cedidas a los nobles. Para ello eliminó algunas mercedes -en particular las de aquellos que habían apoyado a Juana la Beltraneja, su oponente en la lucha sucesoria- y deudas que el reino había heredado de su predecesor Enrique IV.

La unificación de las coronas castellana -que había engullido multitud de territorios históricos aledaños- y aragonesa y la desaparición del reducto musulmán granadino dan paso a la extensión vertiginosa del imperio español durante el siglo XVI. Valladolid había dejado de ser territorio fronterizo y la actividad fortificadora, carente ahora de objetivo, decrece hasta niveles de práctica inactividad.

LA GUERRA
DE LAS COMUNIDADES

Tras la muerte de Isabel I de Castilla -acaecida en 1504 en Medina del Campo- y de Fernando de Aragón -en 1516-, Carlos de Gante hereda de sus referidos abuelos la denominada monarquía hispánica. Carlos I -hijo de Felipe I de Habsburgo *el Hermoso* y Juana de Castilla, Juana *la Loca*- aglutina bajo su mando los territorios de las coronas de Castilla y Aragón, los de los estados patrimoniales de Habsburgo y los de la casa de Borgoña. En 1520, tan sólo un año después de su coronación como emperador germano, el joven monarca ve cómo la Corona de Castilla se levanta contra su autoridad. El foco inicial de la revuelta se localiza en Toledo y se extiende pronto por toda la submeseta norte. La chispa que desata definitivamente las hostilidades es la política fiscal del emperador Carlos, que establece impuestos considerados abusivos por las ciudades castellanas. En octubre de 1520, los representantes del rey -el condestable de Castilla don Íñigo Fernández de Velasco, el almirante Fadrique Enríquez y el cardenal Adriano- hacen público el estado de guerra frente a los denominados comuneros, cuya dirección radica ahora en Tordesillas, donde se halla recluida la madre del monarca, Juana *la Loca*. En abril de 1521 el castillo de Torrelobatón abre sus puertas para que el ejército comunero -que antes había tomado como bastión defensivo el castillo de Fuensaldaña- salga camino de Toro. No llegarán a destino, pues el día 23 de dicho mes son interceptados en las campas de Villalar por el ejército real, comandado por el condestable Fernández de Velasco, que derrota a las huestes populares dirigidas por Padilla, Bravo y Maldonado[13], quienes pagan con sus cabezas la saña realista. La derrota no extinguió del todo los ecos de la revuelta, que continuaron alentados por algunos grupos de entidad menor, entre los que destaca el comandado por María Pacheco, viuda del fallecido Padilla. El retorno de Carlos I a España en 1522 y el otorgamiento de un perdón general -del que quedaron excluidos los agentes más activos de la revuelta- vino a amortiguar de manera casi definitiva las resonancias de una protesta que para algunos autores constituye el germen de muchos movimientos por las libertades sociales y políticas.

Castillo de Torrelobatón,
punto del que partieron
los Comuneros antes de
su derrota en 1521.

TIERRA DE CAMPOS Y MONTES TOROZOS

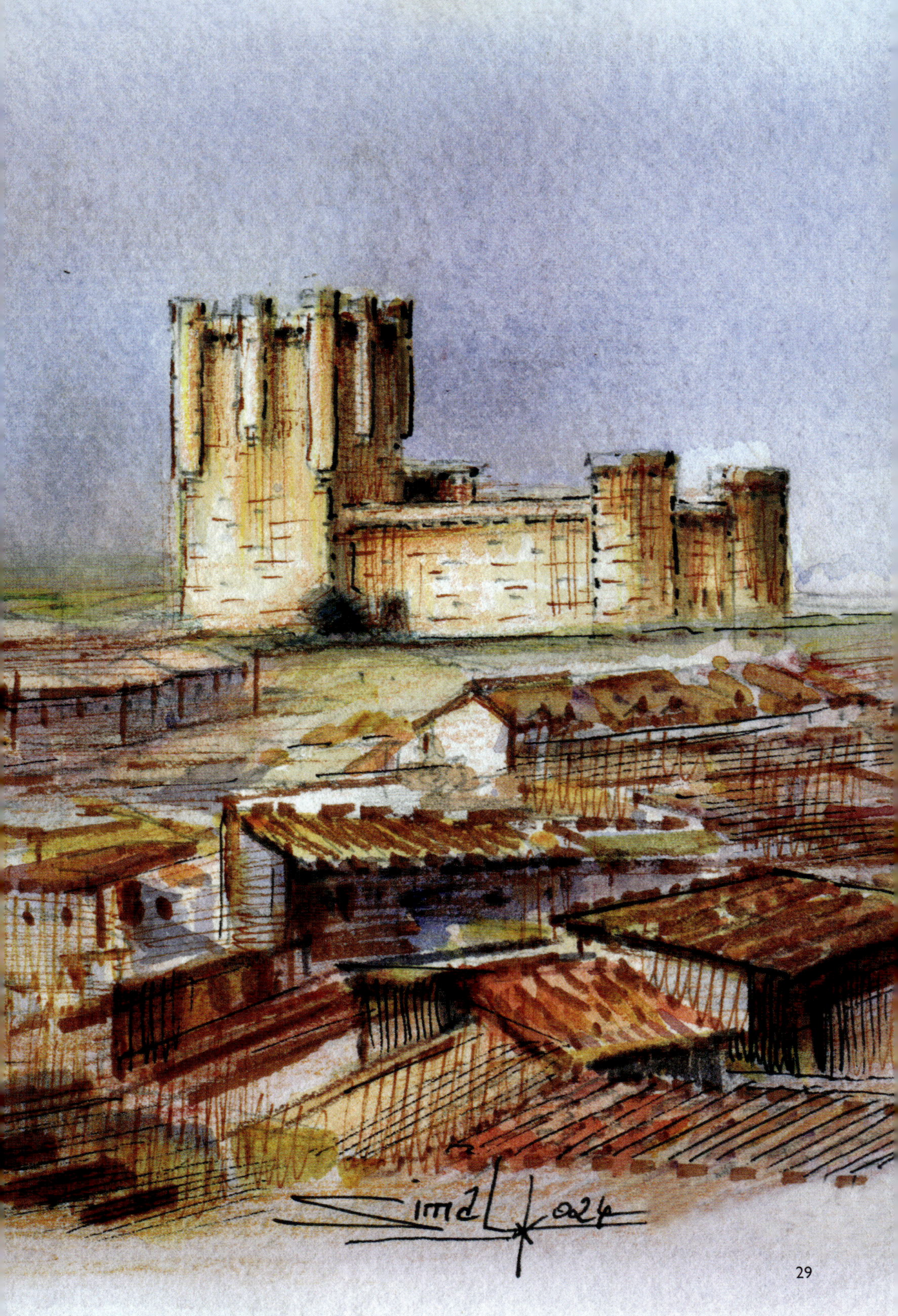

Castillo de Torrelobatón | DAMIÁN SIMAL.

TIERRA DE CAMPOS Y MONTES TOROZOS

«*Difícilmente podría hallarse en los reinos de León y Castilla una región más interesante a los ojos del viajero artista y del viajero historiador que la conocida hoy con el nombre de Tierra de Campos*», proclamaba Francisco Simón y Nieto en su obra *Los Antiguos Campos Góticos*[1], publicada en 1895. La Tierra de Campos vallisoletana forma parte de una comarca natural supraprovincial que también ocupa tierras de Zamora, León y Palencia. Se caracteriza por la uniformidad geográfica que conforman las «*llanuras de erosión modeladas en las arcillas y margas del Mioceno*»[2]. Apenas algunos romos cerros y desgastadas lomas quiebran su vocación de horizontalidad, que confiere al territorio esa homogeneidad que se convirtió en imagen representativa de la *desolada Castilla* que hizo fortuna en la literatura. A esa estampa contribuyeron, sin duda, el escaso relieve, la desforestación generalizada y la condición de *pseudoestepa* cerealista que caracterizó su producción agraria hasta mediados del pasado siglo, dominada abrumadoramente por el cultivo del trigo.

La denominación de esta comarca tiene su raíz en el topónimo, previo a la invasión musulmana, *Campi Gothorum*[3] –*Gothici* en otras fuentes, algunas de las cuales entroncan esta designación con la anterior de *Campus Gallaeciae,* recogida en documentos alusivos a este territorio–. Con el avance de la Reconquista, el reino astur-leonés auspició su repoblación. A partir del s. X, un consolidado Condado de Castilla adivinó en este fructífero granero una fuente de recursos muy apetecida y comenzó a reivindicar su titularidad sobre las tierras comprendidas entre el Pisuerga y el Cea, que acabó incorporando a su dominio en tiempos del rey navarro Sancho III *el Mayor,* quien se había intitulado *imperator totus Hispania* y agrupaba bajo su corona el Condado de Castilla, entre otros territorios. La pugna por estas tierras motivó frecuentes tensiones y pendencias entre León y Castilla, saldadas con sangrientas luchas. En 1037 la batalla de Tamarón (Támara según otras fuentes) enfrentó a los ejércitos del rey leonés Bermudo III, que pretendía su recuperación, y del conde castellano Fernán Sánchez. En 1072, la disputa subió de tono y se extendió a todo el territorio de ambos reinos, combatiendo Alfonso VI de León y Sancho II de Castilla en la batalla de Golpejera por la reunificación bajo su cetro de los territorios de Castilla y León, que Fernando I *el Magno* había repartido entre sus hijos a su muerte.

Panorámica de Tierra de Campos, comarca eminentemente agrícola basada en el cultivo del cereal.

Tierra de Campos gozó de una destacada tradición como unidad geográfica autónoma, de modo que en el s. XII llegó a ser considerada una entidad territorial independiente de León y Castilla, situación que perduró durante siglos –algunos tratados del s. XVIII recogían menciones a la *provincia de Campos* como territorio diferenciado–. La repoblación de esta comarca siguió el modelo tradicional hispano-romano y visigodo, basado en el asentamiento de pequeñas aldeas que subsistían mediante prácticas agrícolas. Su organización jurídica en los primeros siglos del segundo milenio revela una clara influencia leonesa, reflejada en los fueros que muchas de sus poblaciones recibieron a lo largo de los siglos XI y XII. Tierra de Campos se hallaba en aquellos tiempos dividida en dos sectores bien diferenciados, uno oriental sometido a Castilla y otro occidental bajo autoridad leonesa. Las disputas fronterizas motivaron la aparición de una línea de edificaciones fortificadas de la que formaban parte los castillos de Montealegre –con precedente datado en el s. XII–, Urueña o Tiedra. Hasta que la unificación definitiva de los reinos, bajo el cetro de Fernando III *el Santo*, dejó sin argumentos a la pendencia bélica que tanta sangre había derramado en este espacio de fricción.

Montes Torozos, por su parte, es un topónimo engañoso. Quien pretenda encontrar en esta comarca relieves montañosos de cierta entidad acabará profundamente desencantado. Ocupa, en realidad, una desgastada meseta elevada, tapizada con formaciones forestales de tipo mediterráneo en las que el fuego y el hacha causaron estragos en los últimos siglos. Su altitud, en promedio, apenas alcanza los 820 m. s.

n. m., con una elevación máxima de 862 metros en monte Sardonedo, en Valdenebro de los Valles, y una cota inferior de poco más de 700. El rigor del clima y la aridez del terreno han configurado una *región natural* que muestra claras diferencias con el territorio colindante y delimitan una patente unidad biogeográfica.

Discuten los etimólogos el origen del topónimo Montes Torozos. Antiguos tratados sitúan aquí el *Monte Cauro -Cauriense* en otros textos-. Expresiones como *Taraza* o *Tarsa* aparecen recogidas en documentos de la décima centuria. Durante ese siglo, tras su *reconquista*, este terri-

TIERRA DE CAMPOS Y MONTES TOROZOS

torio permaneció sometido al dominio del Reino de León, que auspició la repoblación con mozárabes toledanos o cordobeses. Con el paso de los años, esta comarca fue escenario de las disputas sostenidas entre León y Castilla. El temor de muchas villas -como Castromonte, Peñaflor o Valdenebro- a ser asaltadas por alguno de los contendientes hizo que se protegieran con murallas, la mayor parte de ellas hoy desaparecidas. También la irrupción de las órdenes hospitalarias dejó reflejo en esta tierra. A la Orden de los Caballe-

ros Hospitalarios de Jerusalén se le atribuye la fortificación de Villalba de los Alcores. Caballeros templarios -en Castromonte- y teutónicos -en Mota del Marqués- dejaron igualmente su impronta. Los historiadores destacan, asimismo, el fenómeno de repoblación monacal registrado en esta comarca, capitalizado por las instituciones monásticas establecidas en San Román de Hornija o Wamba -nacidas en los *años mozárabes*- o en Matallana y La Espina -sometidos a la disciplina cisterciense-.

*Muralla y castillo
de Urueña.*

TORRELOBATÓN

La villa de Torrelobatón ocupa una estratégica encrucijada de caminos naturales, circunstancia que explica la presencia de población en su solar desde tiempos muy remotos, que hunden raíces en la Edad del Hierro y tienen continuidad en época romana.

Encaramado en un discreto altozano que se eleva sobre la planicie mesetaria, el castillo *de los Comuneros* hace destacar, desde la lejanía, su sobria silueta. El tinte áureo de su sillería y la contundencia de su torre del homenaje, airosamente desplomada, confieren caracteres sobresalientes a este magnífico arquetipo de los denominados *castillos de llanura*.

APUNTE HISTÓRICO

En 1334 el señorío de la plaza correspondía al influyente noble don Juan Núñez de Lara, bisnieto del rey castellano Alfonso X *el Sabio*. Ejerció, asimismo, como mayordomo mayor de Alfonso XI de Castilla, pero diversos acontecimientos quebraron

la confianza del monarca, quien el citado año de 1334 ordenó el cerco de la villa, que resultó rendida. Años más tarde *Torre de Lobaton* aparece adscrita a la Merindad del Infantazgo de Valladolid[1]. En 1392 pertenecía al matrimonio formado por Alfonso Enríquez, primer almirante de Castilla, y Juana de Mendoza, quienes obtuvieron licencia de Juan II de Castilla para construir una casa fuerte, edificada en 1420.

Fadrique Enríquez Mendoza, hijo de Alfonso y Juana, heredó la casa fuerte erigida por sus padres. Apoyó a los infantes de Aragón en su pendencia contra Juan II, lo que trajo como consecuencia la incautación de sus bienes, entre ellos el edificio fortificado. Hubo de esperar al acceso al trono de Enrique IV para conseguir su perdón y recuperar la construcción. Sobre la parte inferior de esta fortificación levantó, a partir de 1455, una fortaleza señorial, convirtiéndose los restos de la anterior casa fuerte en base de la torre del homenaje del nuevo castillo.

Vista panorámica de Torrelobatón | *AITOR GUTIÉRREZ COSGAYA.*

TORRELOBATÓN

Patio interior, visto desde el camino de ronda.

La siguiente efeméride de resonancia histórica relacionada con el castillo de Torrelobatón se produjo en 1521. En aquella fecha ondeaba en su torre el pendón real, que ponía de manifiesto su oposición a la causa Comunera. En febrero de 1521 el ejército de las Comunidades, con Juan de Padilla, Juan Bravo y Francisco Maldonado como líderes de la revuelta, asedia y conquista la plaza. Los ocupantes del castillo, que resistían las acometidas comuneras, terminan cediendo en su resistencia para evitar males mayores a los habitantes de la villa.

Poco después, en abril, el castillo de Torrelobatón abrió sus puertas para que las huestes comuneras partiesen con destino a Toro. Sin embargo, el ejército imperial, comandado por el condestable Íñigo Fernández de Velasco, interceptó a la tropa popular en las campas de Villalar, donde se riñó la dura batalla que puso fin a las aspiraciones comuneras[2].

El linaje de los Enríquez, dueño del castillo, evaluó los daños producidos en el edificio tras los episodios de 1521 –la torre del homenaje resultó particularmente dañada– y decidió restaurarlo en 1538. La reconstrucción le fue encargada al cantero Diego de la Ranza y a los carpinteros Pedro de Ortopa y Juan del Castillo[3].

Tras el lance de la Guerra de las Comunidades, el silencio se apoderó del edificio, que desde entonces no fue protagonista de ningún suceso histórico relevante. La familia titular mantuvo su propiedad durante un largo periodo. En la década de los últimos cincuenta fue adquirido por el SENPA[4], del Ministerio de Agricultura. En 2003 el castillo fue cedido al Ayuntamiento.

RASGOS ARQUITECTÓNICOS

Muestra planta cuadrada con torres cilíndricas en tres de sus esquinas y una espléndida torre del homenaje, con base también cuadrangular, en el ángulo de orientación más meridional. Su corona incorpora cuatro cubos volantes o atalayeras en los cantones y otros tantos de menor tamaño en el centro de cada paño, todo ello muy acorde a los usos arquitectónicos de la segunda mitad del s. XV.

La fábrica se nutre de sillar, sillarejo y mampostería de un tono bermejo que confiere particular personalidad al edificio. El encuentro de los muros se escuadra con sillería de mayor porte y cuidada talla. Cuando el edificio perdió su función defensiva se abrieron tres ventanas en el muro nororiental.

Ocupa el centro del recinto el consabido patio de armas, con las diferentes estancias repartidas en su entorno. El aspecto actual de este espacio interior difiere en gran medida del original, debido a la habilitación de las estancias para el almacenamiento de cereal. Primigeniamente debió ornamentarse con columnatas y disponer de dos alturas para el acceso a los aposentos residenciales y piezas de servicios. La entrada a este patio se realiza a través de una puerta incorporada con motivo de las reformas llevadas a cabo en el s. XVI, con vano de medio punto cuyo arco apea sobre capiteles y pilastras geométricos.

FOTO AITOR GUTIÉRREZ COSGAYA.

TORRELOBATÓN

Todo el perímetro superior se adorna con matacán corrido sobre hiladas de ménsulas de piedra. El remate de los muros, según costumbre de la época, se resolvió inicialmente con solución almenada, que desapareció para dejar paso al perfil circular que ahora exhibe. Un camino de ronda recorre todo el contorno alto del recinto interior.

En los muros se abren troneras y ventanas aspilleras, diseñadas para el empleo de arcabuces y ballestas y para proporcionar luz a las escaleras interiores.

La torre del homenaje habilita tres niveles y un espacio subterráneo cubierto con bóvedas ojivales. La entrada primitiva se realizaba a través de una puerta situada a notable altura, a la que se accedía por un puente que enlazaba con el camino de ronda. La cubierta del primer piso es de bóveda de cañón con perfil apuntado, correspondiendo el tramo inferior del muro a la antigua casa fuerte edificada a instancia de Alfonso Enríquez. Se ha querido ver en esta planta baja del homenaje –la parte más primitiva de su configuración interna– rasgos que sugieren una posible influencia portuguesa, típica de las fortalezas erigidas en Castilla hasta la llegada al trono de Juan II[5]. Los caracteres de la segunda planta se corresponden con los usos arquitectónicos que hicieron fortuna en el s. XV. Una bóveda de notables dimensiones cubre la estancia superior, que posiblemente estuviese dividida en dos alturas.

El castillo de Torrelobatón fue erigido a partir de 1455 en el espacio que antes ocupaba una casa fuerte.

Para dificultar el avance del enemigo en caso de asalto se incorporaron sucesivos portones a la escalera interior. Los blasones que luce la torre del homenaje corresponden a los linajes Enríquez, Mendoza y Velasco.

De su entorno se ha destacado que *«presenta barbacana, allanada, que sirve de contraescarpa»*[6]. Otros tratadistas apreciaron vestigios de un talud que posiblemente correspondían a una barbacana hoy desaparecida[7].

ESTADO DE CONSERVACIÓN

A mediados del s. XIX Pascual Madoz describe los valores patrimoniales de la villa, destacando la existencia de «*... un palacio, ant. cast. de los almirantes, acaso el mejor conservado de todos los de Castilla, es de solida construcción, con foso y cava, tres fuertes cubos y una torre llamada del homenage, circundada de ocho pequeños cubos en los que se ostentan los escudos de armas de Castilla, Aragón y Cataluña, con algunos otros que no se distinguen por lo destrozados que se*

Mirador en la plataforma superior de la torre del homenaje.

39

TORRELOBATÓN

hallan...»[8]. En los años cincuenta del siglo pasado el castillo fue acondicionado por el Ministerio de Agricultura como silo para almacenar cereal. Posteriormente, la titularidad recayó en la Junta de Castilla y León, que en 2003 lo cedió al Ayuntamiento. Presenta buen estado de conservación.

De la muralla que protegía la plaza –edificada en el s. XIV– únicamente se conservaron fragmentos diseminados y la puerta denominada Arco de la Villa, obra del siglo XV. Esta fortificación defensiva se encontraba operativa al producirse el asedio de la tropa comunera. En la actualidad, el arco aparece integrado en un bloque de edificaciones, una de las cuales acoge a la Corporación municipal.

Camino de ronda del castillo de Torrelobatón.

Espacios expositivos dedicados a la revuelta comunera y al rodaje de la película El Cid.

VISITA Y ACTIVIDADES

Desde 2007, el castillo alberga un interesante Centro de Interpretación de la Guerra de las Comunidades[9] en el que, mediante proyecciones audiovisuales, paneles y maquetas, se facilita al visitante información sobre el movimiento social y político que generó la revuelta comunera y puso en jaque a la corona de Castilla entre 1520 y 1521.

En este castillo y su entorno se rodaron algunas escenas de *El Cid*, film dirigido por Anthony Mann y protagonizado por Charlton Heston y Sophia Loren[10]. Para rememorar aquel suceso, que permanece muy anclado en la memoria colectiva local, se ha instalado en uno de los silos una pequeña exposición sobre el rodaje, en la que pueden contemplarse fotografías tomadas durante la filmación[11], carteles que anunciaron la película en diferentes países y una maqueta del castillo.

Se pueden consultar horario de vista e importe de la tarifa y concertar cita previa para visita grupal en las direcciones habilitadas por el Ayuntamiento que se reseñan en nota al pie[12].

TIEDRA

Vista panorámica del castillo de Tiedra | CORTESÍA DE ISRAEL BUSTAMANTE MARTÍN.

Tiedra[1] se encarama sobre el filo de un altozano que vigila un estrecho valle. Ocupa esta villa un área de transición entre Montes Torozos y Tierra de Campos, de modo que diferentes textos la incluyen en una u otra comarca. El castillo de Tiedra acomoda el perímetro de su muralla defensiva exterior al perfil irregular del cerro sobre el que se alza. De este conjunto fortificado se ha destacado su *«excepcionalidad cronológica o tipológica»* [2].

APUNTES HISTÓRICOS

Las fuentes documentales destacan la existencia de un castillo en Tiedra, al menos, desde el siglo XI. Diversos textos hacen referencia al mandato conferido a Rodrigo Díaz de Vivar por Sancho II para que concertase con su hermana la infanta doña Urraca una permuta, en cuya virtud esta debía entregar la plaza de Zamora y recibiría, como contraprestación, *«...á Medina de Rioseco con el Infantazgo desde Villalpando hasta Valladolid, y el castillo de Tiedra, afianzando con juramento de doce caballeros, de que jamás contravendría al tratado»* [3]. El pretendido pacto destilaba un cierto aroma de imposición, pues el monarca había ordenado a su comisionista, el Cid Campeador, que advirtiese a Urraca *«...que si no venía en este tratado, la asegurase que la quitaría la ciudad por la fuerza...*»[4]. Algunos autores, sin embargo, han expresado dudas acerca del emplazamiento de aquella primitiva edificación fortificada[5], señalando que bien pudo haberse erigido en el lugar que hoy ocupa el castillo, o bien sobre el lugar donde se alza la ermita de Nuestra Señora de Tiedra Vieja[6].

Diferentes acontecimientos históricos relacionados con el castillo completan un libro de efemérides de gran riqueza. Berenguela I de Castilla contrajo matrimonio en Valladolid con el monarca leonés Alfonso IX en el año 1197. Tenían los contrayentes un parentesco relativamente lejano, circunstancia que fue argumentada en 1204 por el severo papa Inocencio III para anular el matrimonio –del que habían nacido cinco hijos–. El soberano leonés compensó a Berenguela por los efectos de la resolución matrimonial con un conjunto de bienes entre los que se encontraba el castillo de Tiedra. Esta transmisión motivó la *castellanización* de un edificio que hasta entonces había permanecido bajo influencia leonesa[7].

En 1285 Sancho IV de Castilla, hijo de Alfonso X *el Sabio*, entregó la fortaleza junto con otros bienes a su mayordomo mayor, don Pedro Álvarez de Asturias, para recompensar su fidelidad. La titularidad de la villa

Camino de ronda del castillo.

pasó por vía hereditaria a Teresa Pérez[8] de Asturias, esposa de Alfonso Téllez. Siguiendo el hilo de esta vía conyugal, el señorío de Tiedra se integrará en el patrimonio del linaje Téllez de Meneses[9]. Tello Álvarez de Meneses heredó en 1314 este señorío. Con la extinción del linaje Meneses, en 1365 Enrique II entregó el señorío de Tiedra a su hermano Sancho, conde de Alburquerque. Su hija Leonor, que heredó el castillo, contrajo matrimonio con Fernando de Antequera, padre de los beligerantes infantes de Aragón. Uno de ellos, Enrique de Aragón, inició operaciones poco amistosas frente a Juan II, quien castigó la insolencia del infante confiscando la villa a su pendenciero linaje en el año 1430. Corrían rumores de la complicidad del obispo de Palencia[10] con las intrigas del infante de Aragón, lo que motivó, en 1432, su apresamiento y cautiverio en la mazmorra instalada en la planta inferior de la torre del castillo.

A partir de dicho decomiso, se relaciona a don Álvaro de Luna, valido de Juan II, con la tenencia de la fortificación, hasta que villa y castillo fueron cedidos por la monarquía castellana[11] al maestre de la Orden de Calatrava, don Pedro Girón, quien los incorpora al señorío de Osuna[12]. En 1476 los Reyes Católicos confirmarán este señorío. El edificio fortificado pertenecerá al conde de Osuna durante un dilatado periodo, que

Recreación de las figuras del conde de Haro y del obispo de Palencia, que fueron encarcelados en el calabozo del castillo en 1432.

alcanza hasta el siglo XIX. Desde entonces, conocerá el castillo diversos «propietarios privados». En 1895 aparece documentada la titularidad de Gaspar Rodríguez. En los albores del siglo XX fue adquirido por Jesús Carmona Lima, quien había hecho fortuna en Filipinas y, a su retorno, vio una oportunidad de hacerse con una propiedad singular y representativa. Su sucesor, Honorato Carmona, levantó en el castillo paredes de adobe para poder habilitar en ellas nichos y convertir al edificio en palomar. El castillo pasará a su descendiente Miguel Carmona, que lo transmitirá a su hija Isabel, quien en el año 2009 concreta su transmisión al Ayuntamiento de la villa.

RASGOS ARQUITECTÓNICOS

A partir del encuentro que el Cid Campeador y doña Urraca mantuvieran en el castillo de Tiedra para intentar cerrar la permuta que Sancho II pretendía imponer a su hermana, se suceden diversos acontecimientos que confieren cierto protagonismo a este castillo. Para relacionar tales sucesos con su situación constructiva se debe tener presente que su edificación experimentó diferentes fases, de modo que el aspecto actual obedece a una sucesión de intervenciones desarrolladas durante un largo periodo. Los restos más antiguos se encuentran en los paños murales orientados al norte y al oeste, que posiblemente correspondan a una antigua muralla que protegió la villa en tiempos

Vista parcial de la muralla y de la torre del homenaje del castillo.

anteriores a la construcción de la torre. En una segunda fase se edificaría la torre, que presenta algunos caracteres que generan dudas en los expertos afanados en su datación[13]. Un tercer estadio constructivo se corresponde con el aislamiento completo de la torre, mediante la sustitución de la empalizada de madera que cerraba la cerca exterior en torno a la torre por los paños de muralla que se orientan hacia este y sur. A esta etapa debe corresponder un

Sala de audiencias, en la planta superior de la torre del homenaje.

desgastado epígrafe incrustado en la torrecilla del suroeste, en el que los historiadores leyeron la data «era 1326», correspondiente al año 1288 de nuestro calendario[14], fecha en la que se presume quedó configurada la base estructural del castillo que hoy eleva su sobria y elegante silueta a los cielos de Tiedra. Posteriormente, la obra experimentaría algunas reformas y adiciones de *tono menor*, entre las que destaca la incorporación de una torrecilla cilíndrica en el extremo sureste, junto a la puerta de acceso al patio interior, que debió construirse en el siglo XV.

Destacan los estudiosos su *esquema muy arcaico* [15]. A esta impresión contribuyen tanto la simplicidad de su estructura como la propia composición de aparejo. Combina su sobrio diseño una torre central y una cerca exterior protectora.

La torre central ha sido catalogada como «*...de gran calidad y fecha temprana*»[16]. Su planta es rectangular. La eficacia defensiva quedaba garantizada con muros de dos metros y medio de espesor. Alcanza veinte metros de altura. Fue edificada con aparejo de sillería caliza de tamaño relativamente pequeño, talla algo irregular y amplios tramos de hiladas con disposición *a soga* o *media asta*[17]. Apenas se abren en sus fachadas tres angostas ventanas ajimezadas[18]. También se han conservado las ménsulas donde se apoyaban vigas que sustentaban estructuras voladas[19]. La puerta de acceso a la torre es, asimismo, de reducidas dimensiones y se ciñe con robustos sillares bajo arco de descarga y un singular conjunto de piezas calizas acomodadas al espacio adintelado -las impostas dibujan en el perfil superior del vano dos arquitos de cuarto de círculo-. Está situada en posición elevada con respecto al piso del patio circundante y su acceso se realizaba a través de una pasarela.

El interior de la torre estaba dividido en varias estancias superpuestas. La planta inferior fue utilizada como mazmorra[20]. La planta *de calle* albergaba al cuerpo de guardia, bajo supervisión del alcaide[21], y se protegía con doble puerta. La incomunicación de este recinto con las plantas nobles –estancias residenciales o representativas que ocupaban los niveles superiores– obedecía a razones de estrategia defensiva[22].

El nivel superior se destinaba a funciones residenciales. Tras la restauración realizada en el siglo XXI se ha instalado en esta planta una reveladora maqueta que reproduce el estado del amurallamiento y torre defensiva de la villa real de Tiedra en el siglo XII.

A la *sala de audiencias* se accedía desde el nivel del patio interior –por una escalera independiente–, o desde el adarve –a través de una pasarela móvil, que podía retirarse en caso de asedio–. En ella desarrollaba el alcaide sus funciones administrati-

vas y jurisdiccionales. Consecuentemente a su carácter representativo, su arquitectura revela ciertas concesiones a la riqueza arquitectónica. La sala se cubre con una muy airosa bóveda de perfil ojival reforzada con

El castillo de Tiedra es resultado de diferentes etapas constructivas. Arriba, puerta de acceso.

arcos fajones que descansan sobre ménsulas de diferente tipología. Junto a las ventanas, estrechas y ajimezadas, se habilitaron pasillos abiertos en el paramento, denominados *cortejaderos*, generalmente con forma abocinada y provistos de un banco en cada flanco para asiento. Tenían por objeto aprovechar la luz diurna para diversos cometidos. Junto a la ventana de orientación septentrional se habilitó una pequeña cámara para la custodia de documentos o bienes valiosos[23].

La escalera interna de caracol se ajusta a las pautas necesarias para dificultar el avance del asaltante, con peldaños de altura irregular –lo que provoca tropiezos y distracción en el asaltante–, y orientación en el sentido de las agujas del reloj, de modo que el defensor, que combate desde los escalones superiores, puede sujetarse con la mano izquierda al eje central mientras manipula la espada en posición natural frente al asaltante, que se ve obligado a realizar un escorzo en incómoda postura para asestar sus embates.

La cerca mural del castillo es producto de sucesivas adiciones y modificaciones. Ya se indicó que los sectores septentrional y de poniente pudieran corresponder, al menos en su base, a los de la muralla que protegía la villa antes del nacimiento de la torre central[24]. Una vez levantado el edificio del homenaje, se dispuso el reforzamiento de su aislamiento, sustituyendo la empalizada de madera que lo rodeaba por el sur y este por paños de muralla construidos con mampostería. Apenas muestra otros resaltes que dos discretos cubos situados en los extremos sureste y suroeste del perímetro. Las obras de restauración han devuelto a la muralla las perdidas almenas y han habilitado un camino de ronda.

La puerta de acceso al recinto se practicó en el extremo suroriental, junto al cubo de naciente de la muralla. Su arco ojival apea sobre impostas notablemente resaltadas.

ESTADO DE CONSERVACIÓN

El Diccionario Geográfico-Estadístico-Histórico que auspicia Pascual Madoz entre 1845 y 1850 refiere, en el texto dedicado a Tiedra, que «... *fuera de la población y dominándolo por el SE hay un antiguo castillo, del que no se conservan más que sus contrafosos y algunos restos de su fábrica interior*». Una visión más optimista de su estado ofrece Juan Ortega Rubio hacia 1985, destacando que «*tanto el alcázar con su torre del homenaje, como las murallas con aspilleras que lo rodean, se conservan en buen estado; pero las almenas están algo deterioradas*».

El deterioro progresivo del edificio motivó la intervención del organismo administrativo encargado de velar por la preservación del patrimonio, y a partir del año 2010 se iniciaron obras de consolidación orientadas a evitar el derrumbe de un edificio que hoy se halla completamente restaurado y apto para visita.

VISITA Y ACTIVIDADES

La Oficina de Turismo de Tiedra organiza visitas guiadas que parten de la ermita de Tiedra Vieja y recorren tanto el casco urbano de la población como el castillo. Requieren reserva previa[25].

Las visitas libres están sujetas a pago de tarifa y a diferentes horarios estacionales[26]. Son accesibles todas las plantas de la torre del homenaje y camino de ronda de la muralla. En los diferentes niveles del edifico del homenaje encontrará el visitante paneles informativos con interesantes datos sobre la historia de Tiedra y su castillo, exposiciones de armamento medieval y la maqueta antes mencionada, en la que se refleja el estado de la villa real durante el s. XII -con reproducción de muralla, torre, empalizada, caserío y la tristemente desaparecida iglesia románica de San-

ta María del Castillo, que sucumbió víctima de la incuria-. El tránsito por el adarve posibilita excepcionales panorámicas del entorno.

VILLAVELLID

Fachada oriental del castillo de Villavellid.

Apartada del núcleo urbano aledaño, la fortaleza de Villavellid[(1)] muestra su talante sobrio
y discreto refugiándose en una ligera
depresión del terreno, aterrazada y
encajada entre cerros blanquecinos.
En el caserío de la localidad se erigen
dos venerables templos, dedicados
a Santa María y a San Miguel[(2)], que
hablan de la antigüedad de la villa,
núcleo que ocupó un emplazamiento
fronterizo entre León y Castilla en los
años en que ambos reinos protagonizaron frecuentes fricciones.

APUNTE HISTÓRICO

El origen de este conjunto fortificado
aparece envuelto en una cierta nebulosa historiográfica que impide conocer con certeza la fecha de su edificación. Su diseño respeta las pautas de
la denominada Escuela de Valladolid
y se apuesta por una fecha de edificación enclavada en la segunda mitad
de la decimoquinta centuria. Se ha
sugerido la posibilidad de que exis-
tiera una fortificación antecedente
construida a instancia de la Orden de
los Templarios, cuya presencia en la

Villavellid se relaciona con la edificación, en el siglo XIII, de la iglesia de Santa María.

La existencia de un edificio fortificado en la villa aparece documentada en 1408, fecha en la que el testamento de doña Elvira de Bazán[3] recoge una disposición en favor de su hijo Ramiro Núñez de Guzmán en cuya virtud este hereda la villa de Villavellid con su «casa fuerte». Un acuerdo posterior hace que la localidad pase a manos de su hermana Juana Bazán, quien, por medio de su matrimonio con Luis de Almanza, integra la casa fuerte en el patrimonio de este linaje.

A partir de ahí las fuentes ofrecen lecturas diferentes. Algún tratado atribuye al regidor de Toro, don Diego de Almanza -hijo de Luis Almanza y Juana Bazán- el impulso de la construcción del «nuevo» castillo, que debió edificarse antes de 1465, fecha en que falleció dicho titular. Otras fuentes señalan que en 1452 aparece documentada la posesión de la villa y del edificio fortificado en manos de Francisco de Almanza, marqués de Alcañices, quien lo entregó como dote a su hija Francisca en 1465, cuando esta casó con Pedro Pimentel.

Coinciden los estudios en reconocer la titularidad del castillo a favor

Imagen retrospectiva del castillo de Villavellid, anterior a las últimas intervenciones.

VILLAVELLID

de Constanza de Almanza[4], quien contrajo matrimonio con Juan Enríquez de Guzmán. Este enlace obtuvo la confirmación real de su mayorazgo. Su hijo Francisco Enríquez de Almansa, que apoyó al ejército real en la batalla de Villalar, fue recompensado con el título de primer marqués de Alcañices y en 1522 formó mayo-razgo, que incluía la villa de Villavellid con su edificación fortificada.

RASGOS ARQUITECTÓNICOS

Se ha reconocido como valor de esta fortificación su *«integridad, autenticidad y representatividad cronológica o tipológica»* como *«castillo señorial»* de la *«escuela de Valladolid»*[5]. Algu-

nos autores lo clasifican, reparando en la escasez de elementos defensivos, como *castillo-palacio*. También se ha destacado su escasa capacidad defensiva, «*a pesar de un intento de abrir un foso*»[6], toda vez que una ladera aledaña domina el edificio.

El conjunto mostraba, antes del arruinamiento parcial de uno de los paños del muro de cerramiento del patio central, planta con silueta cuadrada –con alguna irregularidad que acerca su silueta a la forma trapezoidal– rematada en tres de sus ángulos por torreones cilíndricos y en el cuarto por una torre del homenaje de base también cuadrada enclavada en el extremo meridional del recin-

Otra imagen retrospectiva del castillo de Villavellid antes de las últimas intervenciones.

VILLAVELLID

Vista del castillo desde el suroeste.

to. Las proporciones de los componentes arquitectónicos respetan las pautas de la denominada Escuela de Valladolid, si bien la torre aparece desmochada y con una altura notablemente inferior a la que debió tener en origen, circunstancia que dificulta la percepción de las proporciones características de la referida tipología.

Debió edificarse inicialmente una torre exenta, a la que se adicionó más tarde el conjunto de cerramiento del patio. Apoya esta tesis el sistema de encuentro de sus lienzos con la torre, resuelto mediante simple yuxtaposición[7]. Las caras exteriores de los gruesos muros se edificaron con sólida sillería que encierra una estructura interna de mampostería. Esta torre del homenaje, que habilitó en su interior al menos dos estancias superpuestas, se alza sobre un zócalo que sobresale ligeramente de los paños superiores. Una restauración relativamente reciente ha repuesto a la torre algunas hiladas de mampostería; el área restaurada se diferencia con claridad del paramento original.

La puerta de acceso a la torre se sitúa a notable altura del plano del patio, lo que invita a pensar en la existencia de un puente flotante -presumiblemente de madera- por el que se alcanzaba el interior. En las fachadas de la torre se abren saeteras con derrame interior, y en las caras que miran al patio se aprecia la existencia de amplios mechinales que debían sustentar vigas de soporte de componentes edificados en el interior del recinto.

Se atribuye el derrumbe de un amplio sector del muro oriental del patio central y de la torrecilla cilíndrica anexa -acaecido a mediados del s. XX- al descalce de su base provocado por la extracción de gredas, una actividad que resultaba usual en el entorno cronológico del colapso. En el muro meridional del patio se abre una ventana con perfil superior arqueado y estructura abocinada -alguna similar se abrió en el muro derruido-.

Se accede al patio de armas a través de una puerta ornamentada con un elaborado arco apuntado, lamentablemente deformado por la supresión de algunos sillares bajo la línea de impostas[8].

ESTADO DE CONSERVACIÓN

El diccionario de Madoz[9] relataba en su comentario sobre *Villavellí* que «...*hay un ant. cas. del que solo se conservan el torreon del homenaje y varias almenas*». Ortega Rubio señala en 1895, al describir el patrimonio de la villa, que «...*De su fortaleza ó castillo se conservan todavía algunas almenas y el torreón del homenaje*»[10].

Ha sido objeto de obras de consolidación y de elevación de la torre del homenaje, resultando muy patente el tramo sobreelevado.

El patio central aparece abierto al exterior por el derrumbe parcial de uno de sus muros -antaño muy sólidos, hogaño debilitados por la extracción ya mencionada de arcillas y gredas de las cercanías de su base-. El colapso del muro arrastró en su desplome a uno de los tres cubos cilíndricos angulares que remataban la cerca protectora.

VISITA Y ACTIVIDADES

El edificio fue adquirido[11], mediante compra al Ayuntamiento, por un particular que ha instalado su vivienda en la torre del homenaje. No puede visitarse el interior y únicamente puede contemplarse el exterior, con la prudencia que impone su naturaleza de propiedad privada. Algunas instalaciones realizadas en el entorno empobrecen la visión de conjunto que antes se disfrutaba desde un cerro aledaño.

URUEÑA

Encaramada en un desolado cabezo desde el que los Montes Torozos se asoman a la infinita extensión de la llanura septentrional castellana, la villa de Urueña ocupa un emplazamiento que ofrecía extraordinarias condiciones defensivas para la estrategia militar medieval, al amparo del desnivel de la ladera que rodea su asentamiento. Fue Urueña punto fronterizo entre los reinos de León y Castilla. Un texto de la primera mitad del siglo XVII relata que la población «*colígese cimentada por vacceos, antiguos españoles y aumentada de romanos; nombrándose Bidunza, ciudad floreciente en tiempo de Tolomeo, con que consta su gran antigüedad*»[1].

APUNTE HISTÓRICO

La compleja sucesión de reformas que ha sufrido el conjunto contribuye a dificultar el rastreo de su decurso secular, circunstancia agravada por la existencia de grandes lagunas en el conocimiento del desarrollo histórico de la fortificación.

Urueña aparece documentada como cabeza de merindad en el Infantazgo de Valladolid, donado por el monarca leonés Alfonso VII *el Emperador*[2] a su hermana Sancha Raimúndez a comienzos del siglo XII. Se atribuye a esta la población y fortificación de la villa en fechas que sitúan al conjunto entre los más veteranos de la provincia. Sin embargo, otras fuentes vinculan la orden de su

Vista de la población, la muralla y el castillo de Urueña | CORTESÍA DE ISRAEL BUSTAMANTE MARTÍN.

edificación a Fernando I *el Magno*, rey castellano que, según tales fuentes, habría impulsado su construcción hacia el año 1060, aprovechando restos de una vieja fortificación cuyo origen pudiera remontarse a los años en que el Imperio romano dominaba esta tierra.

Al fallecimiento del *Emperador* accede a la monarquía leonesa Fernando II, que se hace con el Infantazgo y nombra tenente de Urueña a Fernando Ponce. En plena disputa por el dominio de este territorio fronterizo, las tropas castellanas toman Urueña en 1181. La actividad bélica supone un desgaste que mueve al rey castellano Alfonso VIII y al leonés Fernando II a suscribir, en 1183, el Tratado de Paradinas, con el que delimitan las fronteras entre ambos reinos y se impone al soberano castellano una singular cláusula o pacto de «no fortificación» de su territorio. Estas Treguas de Paradinas, sin embargo, excluyeron de tal prohibición a la villa de Urueña, entre otros contados supuestos[3]. Pero la voluntad pacificadora allí expresada no impediría el afloramiento de nuevas fricciones, que requirieron otros tratados, hasta que la unificación de los reinos de Castilla y León bajo el mandato de Fernando III *el Santo* hizo decrecer el interés estratégico del recinto.

Bajo el cetro de Pedro I la villa pertenecía al realengo como cabe-

URUEÑA

Puerta meridional de la muralla de Urueña.

za de la merindad del Infantazgo de Valladolid. Consta documentada la presencia de María de Padilla[4] en su castillo en el año 1354.

La villa dejará de pertenecer al realengo mediante trueque concertado con su prima Leonor, hija del conde de Alburquerque. El proceso ya relatado al tratar la evolución de la fortificación de Tiedra afectó también a la plaza de Urueña, de modo que la rebelión de los infantes de Aragón, que habían adquirido el dominio de la villa, motivó la con-

fiscación de todos sus bienes por el monarca Juan II. No obstante, el monarca castellano reintegrará Urueña a Juan de Aragón, hasta que en 1445 confisca de nuevo sus propiedades y Urueña retorna al realengo. Más tarde, la villa pasa por donación a Alonso Pérez de Vivero y posteriormente a don Pedro Girón, maestre de la Orden de Calatrava. Al acceder al trono, Enrique IV confirma la donación realizada por su padre y en 1462 instituye el condado de Urueña, con el que premia a Alonso Téllez Girón, hijo de Pedro Girón. Este linaje alzará sus armas frente a los Reyes Católicos en el conflicto con Portugal, pero terminará obteniendo la benevolencia de los monarcas, quienes confirman su señorío en 1476.

La fortificación une su nombre a una significativa nómina de personajes ilustres. La tradición sitúa a la reina doña Urraca en el castillo en la duodécima centuria. Además, entre sus muros permanecieron presos renombrados como el conde castellano Pedro Vélez[5], la princesa portuguesa doña Juana, los condes de Luna y Urgel, la infanta Beatriz de Portugal...

RASGOS ARQUITECTÓNICOS

La planta de la muralla dibuja una silueta irregular, de forma oblonga, con tres torrecillas, dos puertas -una de ellas protegida con cubos-, restos de barbacana, un bastión y una sólida torre con forma de tronco de cono desde la que parte un pasillo aéreo que comunica, al sureste, con un castillo de base rectangular y provisto de cubos y torre de homenaje cuadrada.

El componente más destacado de todo el conjunto es la muralla que rodea la villa. Construida con mampostería, fue dotada de cubos defensivos y se remató con almenas. Un camino de ronda, ahora limitado a los tramos meridional y de poniente, recorría su perfil superior. Su edificación responde al proceso de población que arrancó en el siglo XII. Ha conservado gran parte de su traza original, habiendo perdido únicamente algunos tramos de lienzos de naciente. Su irregular silueta se adapta, hacia el norte y a poniente, al perfil del cerro sobre el que se asienta.

Dos puertas abiertas en la muralla habilitan el acceso a la población. La del Azogue incorpora un singular sistema defensivo, que dificulta el asalto con un estrecho pasillo de acceso -parcialmente guarecido por una torre de muralla- y la protección de un robusto cubo con planta que combina un tramo rectangular con un remate semicircular. Este di-

seño acodado complica el asedio en velocidad, pues el asaltante debía avanzar sorteando los obstáculos que constituyen la torre y el cubo. La puerta meridional se denomina Arco de la Villa y ocupa el centro del paño orientado hacia el sur. Se abrió en un refuerzo de muralla, con notable ampliación del grosor del muro -una ranura en el interior del intradós permitía elevar y ocultar el rastrillo que cerraba el paso al interior-. Su ubicación, sobre una empinada ladera, aminoraba los requerimientos defensivos, pues la propia inclinación del terreno dificultaba el asedio. El vano se perfila con arco apuntado sobre impostas simples. Su estructura interior es compleja, pues en el tramo de muro que mira a la villa la altura del vano es muy superior y alcanza el nivel del adarve.

Adarve de la muralla, con magníficas vistas del entorno.

URUEÑA

Castillo y muralla de Urueña.

Junto al extremo noroccidental de la muralla se recuperaron restos de una barbacana. Otro detalle singular de la muralla es la presencia de un bastión junto al Arco de la Villa. También cuenta con diversas torres defensivas. La de mayor interés arquitectónico es la que ocupa el ángulo suroriental, en el punto de unión con el castillo. Se trata del Torreón de doña Urraca o Peinador de la Reina, una robusta torre troncocónica de base circular y veinte metros de altura[6] que conecta muralla y castillo a través de un pasillo habilitado en la parte alta del muro que une ambos elementos. Queda el castillo, en consecuencia, fuera de la muralla, con la que conectaba a través de un corredor flanqueado por sendos muros. Una de dichas paredes -la dispuesta hacia poniente- presenta aperturas para empleo de armamento defensivo y se remata con un imponente torreón cilíndrico. El muro frontero, que cerraba el espacio defensivo interpuesto entre muralla y castillo, se ha perdido. No obstante, aún pueden apreciarse los signos de sus acoplamientos a la muralla.

La planta del castillo es rectangular. Tanto en los ángulos como en el centro de los muros se levantaron torres semicirculares, si bien la más meridional, de base cuadrada, hoy desmochada y agrietada, hacía las veces de torre del homenaje. Ha desaparecido toda la estructura interna y únicamente conserva los muros perimetrales.

ESTADO DE CONSERVACIÓN

La muralla que rodea el casco histórico de Urueña ha sido concienzudamente remozada. Desde el adarve -de libre acceso- se disfruta una panorámica incomparable sobre el océano cerealista de la planicie mesetaria. El castillo es el elemento del conjunto que presenta mayores deficiencias. Como se ha señalado, han desaparecido todas sus estructuras e instancias interiores. Perdió, asimismo, una parte del muro meridional y la torre del homenaje resultó desmochada, mostrando notorias grietas en la fachada que mira a naciente.

Fachada oriental del castillo de Urueña.

VISITA Y ACTIVIDADES

El acceso al adarve es libre y permite recorrer tramos de muralla que superan el medio kilómetro de longitud. Las panorámicas sobre las llanadas eternas de Tierra de Campos, cuyo horizonte se pierde en el infinito, resultan sencillamente asombrosas; en días de atmósfera diáfana se alcanza a ver las siluetas que dibujan serranías tan lejanas como la sierra de la Culebra o los Montes de León. Se puede visitar el interior del Torreón de doña Urraca o Peinador de la Reina, sobre cuya cubierta se ha habilitado un mirador que aporta nuevas perspectivas igualmente espectaculares[7]. El acceso se verifica por el extremo sureste del adarve y está sujeto a una tarifa simbólica y a horario de visitas (por el momento restringido a determinadas horas de la tarde y a algunos días de la semana; dado que puede estar sujeto a cambios estacionales, resulta recomendable consultar la web reseñada en nota al pie antes de visitar la villa). El recinto del castillo acoge el cementerio municipal. El Ayuntamiento anuncia visitas guiadas tanto a la ermita de la Anunciada como al casco histórico, que requieren previa concertación[8].

VILLALBA DE LOS ALCORES

Castillo de Villalba de los Alcores, que ha vivido un azaroso periplo de transmisiones y despojos.

Villalba de los Alcores, antaño del Alcor[1], acredita riquísima historia, en la que juega importante papel un sobrio castillo. La arqueología ha desvelado la existencia en el entorno de la villa de vestigios de un poblado vacceo posteriormente romanizado. Los historiadores señalan que, tras el dominio visigodo, la localidad debió ser destruida por el ejército agareno y repoblada con el avance de la Reconquista. Algunas fuentes atribuyen su recuperación al monarca astur Alfonso III *el Magno*[2], que reinó en los años de tránsito entre los siglos IX y X. Más tarde, en el XII, el castillo formó parte de una estraté-gica línea de defensa en las disputas entre los reinos de León y Castilla.

APUNTE HISTÓRICO

Algunas fuentes señalan que en el año 1140 Sancha Raimúndez[3] donó Villalba del Alcor a la Orden de los Caballeros Hospitalarios de San Juan de Jerusalén. Esta institución apoyó durante el siglo XII al monarca castellano Alfonso VIII en sus pendencias con el reino leonés. Como recompensa, la Orden Sanjuanista resultó favorecida con la elevación a encomienda[4] de su dominio sobre la villa e impulsó su fortificación. Está documentado, en la segunda mitad del siglo XII, un largo conflicto con el conde de Palen-

cia, quien pretendió tomar la plaza por la fuerza. Dirigió la resistencia el comendador Zornoza y la Orden terminó repeliendo el asedio.

Finalizando el siglo XII, la villa retorna al señorío realengo bajo cetro de Alfonso VIII, quien la donaría a Tello Pérez de Meneses y su esposa Gontroda García[5], como recompensa por los servicios prestados a la monarquía en sus andanzas bélicas de Reconquista. La presencia del escudo de este linaje invita a los historiadores a pensar en un hijo de dicho matrimonio, Alfonso Téllez de Meneses[6], como impulsor de la edificación del castillo, posiblemente durante los primeros años del siglo XIII. Otros autores, sin embargo, apuestan por una fecha más tardía y datan su edificación en el siglo XV. En 1217 aparece documentado un episodio de asedio por parte de Enrique I al castillo de Villalba[7].

La población de Villalba y su castillo protagonizaron un convulso proceso de transmisiones y despojos que motivará una traslación de su dominio de inusitada frecuencia. De este modo, el castillo fue tomado por Pedro I durante las escaramuzas bélicas que mantuvo con su hermanastro el infante Enrique por el acceso a la corona. En 1365 se extingue el

Maqueta del castillo de Villalba, en el que puede verse la desaparecida torre del homenaje | MAQUETA ELABORADA POR MAQUIEXPO VALLADOLID.

Imagen de la torre del homenaje antes de su desaparición en 1960 | FOTOGRAFÍA CORTESÍA DE IVÁN GARCÍA-ARBOTANTE PATRIMONIO E INNOVACIÓN S.L.

linaje Meneses y el monarca Enrique II otorga los bienes de esta estirpe a su hermano Sancho, cuya hija Leonor de Alburquerque heredará, entre otros bienes, el castillo de Villalba. El matrimonio de esta con el infante Fernando de Castilla hace que la fortificación se integre en el patrimonio familiar, lo que posibilita en 1409 un trueque que traslada la titularidad del castillo al conde de Valencia de Don Juan, Martín Vázquez de Acuña, de origen portugués. Su familia venderá el castillo en 1465 a Inés de Guzmán.

En 1468 el IV conde de Benavente asalta Villalba del Alcor y un año después logra rendir el castillo, que sufre importantes desperfectos. Su nuevo titular, Rodrigo Alonso Pimentel, debió impulsar las obras de remodelación que se aprecian en bóvedas y cubos artilleros de la muralla. También se le atribuye la reconstrucción y profunda remodelación de la muralla, que se adapta al uso de las nuevas armas de pólvora.

El conde de Benavente cae prisionero en 1475 durante la batalla de Baltanás –en la que se dirimía disputa por el trono de Castilla–, y como rescate debe ceder un patrimonio en el que incluye el castillo de Villalba. Terminado el conflicto, Rodrigo Alonso Pimentel recupera la fortificación, pero Inés de Guzmán, a quien se había despojado de su posesión por la fuerza, reivindica su dominio. María de Tovar, heredera de Inés de Guzmán, se subroga en la posición de esta última en el pleito y obtiene sentencia favorable, lo que motiva la recuperación de la titularidad.

María de Tovar contrajo matrimonio con el condestable de Castilla Íñigo Fernández de Velasco. Su hijo, Pedro Fernández de Velasco, adquirió el castillo en el primer cuarto del s. XVI.

La tradición local suma, con ribetes de leyenda, un evento singular al rico anecdotario del castillo, manteniendo que esta fortificación recibió el féretro de Felipe *el Hermoso*[8], conducido en su desesperado viaje viudal por la reina Juana *la Loca*[9]. Sin embargo, diversos autores cuestionan esta hipótesis, destacando su falta de concordancia con el recorrido que Juana I de Castilla inició en Burgos y siguió en escatológico itinerario con el ataúd de su esposo, quien había expresado su deseo de ser enterrado en Granada.

En 1528 el castillo aparece documentado como lugar de retención del heredero de la corona francesa[10] y del duque de Orleans[11], que fueron encerrados como rehenes hasta que su padre Francisco I de Francia cumpliera el tratado suscrito tras la batalla de Pavía.

La convulsa historia del castillo parece pacificarse al quedar en manos de los condes de Castilnovo, si bien en 1572 estaba sin uso. A partir de 1573 son retirados algunos de sus componentes y entre 1624 y 1626 su fábrica se utiliza para otros fines arquitectónicos y se produce expolio de su armamento. En años sucesivos continuará la extracción de sillares.

En 1860, cuando ya presentaba caracteres ruinosos, el castillo es adquirido por Cipriano de Rivas, que ejerció como secretario real. Este último legaría la fortificación a su hija Dolores. En septiembre de 1936 se decretó la incautación de los bienes de María Dolores Rivas Cherif, esposa de Manuel Azaña, presidente de la República. Entre ellos se encontraba el castillo de Villalba, cuyo único uso era entonces el de bodega. Las fuentes indican que tras la incautación, el edificio fue destinado a comedor del Auxilio Social. Algunos acontecimientos sucesivos, ya sin relevancia histórica, condujeron al edificio a su situación actual[12].

RASGOS ARQUITECTÓNICOS

Se ha destacado su aspecto *conventual*[13], que se vincula con la intervención en su construcción de los técnicos que dirigieron las obras de diversos monasterios cistercienses

Fotografía nocturna del castillo de Villalba de los Alcores.

Galería con bóveda de crucería destinada a bodega.

coetáneos[14]. Así lo revelan detalles como la configuración de los ventanales o la disposición claustral que tuvo el recinto interno. Su configuración resulta extraordinariamente original en el ámbito regional[15].

La planta del nivel inferior dibujaba, dentro de un rectángulo exterior, una compleja estructura interna, compuesta por tres estructuras

Nervadura de bóveda en estancia interior | ARBOTANTE PATRIMONIO E INNOVACIÓN S.L.

sucesivas, también rectangulares, que convergen en el lado de la torre del homenaje. En el perímetro se alzaban siete torrecillas que consolidaban los flancos de la estructura exterior –seis eran compactas y una séptima fue provista de escalera de caracol para acceso a su nivel superior–, además de una torre del homenaje y la denominada torre *de la Pólvora*; estas dos últimas contaban con estancias interiores abovedadas[16]. Todo el perfil superior estuvo rematado con corona volada provista de almenas[17]. Un amplio patio de armas rodeaba el recinto interior.

El interior del castillo se organizaba en torno a un patio rectangular de dos alturas, todo ello con inequívoco sabor monástico. Inicialmente se habilitaron en altura dos plantas abovedadas, con disposición heterogénea. Para cubrir estos dos niveles se emplearon, en origen, bóvedas nervadas ojivales. El asalto del conde de Benavente[18] en 1469 debió dañar seriamente la cubierta. Las bóvedas primitivas de la planta superior fueron sustituidas más tarde por otras de cañón[19], al tiempo que se habilitaba un tercer nivel en altura. Tras esta remodelación, la planta inferior debió emplearse como almacén y calabozo, mientras que el nivel inmediatamente superior albergaría el cuerpo de guardia y el que culminaba el conjunto acogía estancias residenciales. La barbacana que protege y refuerza el recinto interior se levantó también en el siglo XV.

Es de lamentar la pérdida de la torre del homenaje, acaecida en 1960, que ha dejado al conjunto huérfano de resaltes sobresalientes. Se insertaba en la fachada septentrional y abría una ventana con disposición abocinada y arcos concéntricos de medio punto sobre pilastrillas.

La puerta original se practicó bajo la denominada *torre de la Pólvora*. En la decimoquinta centuria se abrió una nueva puerta en la fachada septentrional. Diferentes puntos del castillo fueron dotados con aspilleras para vigilancia y uso de ballestas. La aparición de las armas artilleras exigió la habilitación de troneras y plataformas para el empleo de cañones.

El castillo contaba con una cerca exterior defensiva, origen de la muralla levantada en el siglo XV para fortificar la villa. Esta muralla poseía una longitud superior a un kilómetro y sumaba 36 cubos y dos puertas. Debido a la generalización del uso de armas

Detalle del patio interior del castillo.

Maqueta de la villa amurallada de Villalba de los Alcores | MAQUETA ELABORADA POR MAQUIEXPO VALLADOLID.

artilleras, la muralla fue habilitada para tal fin, incorporando galerías de disparo provistas de troneras y estructuras para soporte de baterías de tiro. El conde de Benavente, al que se atribuye su reconstrucción y remodelación tras el largo asedio al que sometió a la villa, instaló su escudo familiar en los cubos defensivos que jalonaban el remozado recinto. La muralla no sería objeto de nuevos asaltos.

ESTADO DE CONSERVACIÓN

El castillo ha resultado muy maltratado como consecuencia de la incuria. Tanto el edificio principal como la muralla han sido expoliados como

Cubo de la muralla.

fructífera cantera que proporcionaba sillares para diversos usos. La desaparición de sus estructuras internas y el menoscabo de su alzado original nos ha impedido disfrutar de una muestra de la arquitectura fortificada extraordinariamente singular e interesante. Resulta dolorosa su inclusión en la Lista Roja deHispania Nostra.

El proceso de deterioro del castillo cuenta con algunas fechas bien documentadas. Decisiva para la ruina progresiva fue la desafortunada resolución de la condesa de Osorno, quien en 1593 decidió retirar la cubierta de teja de la torre del homenaje para su traslado a un convento -cuentan las crónicas que el empeño resultó vano, pues tal convento no llegó a edificarse-. También se tiene constancia de que en 1620 el castillo había sido privado de parte importante de su armamento artillero, expoliado para su triste reciclaje en herrerías y ce-

De los 36 cubos que poseía la muralla de Villalba de los Alcores únicamente se han conservado siete | AITOR GUTIÉRREZ COSGAYA.

rrajerías. El desmantelamiento de la estructura interior, que perseguía habilitar espacio para edificar una casa e instalar una bodega, data de 1626. Se ha reiterado la necesidad de una urgente consolidación.

De los 36 cubos que protegían la muralla únicamente se han salvado siete[20]. Usos ajenos a su función inicial y el expolio de sillares han conducido a esta situación. La muralla también ha sufrido un fenómeno de *ocultación* parcial, pues fue utilizada como apoyo de viviendas que se adosaron tanto a su cara interior como a la exterior, lo que motivó su desfiguración. A pesar de tales ataques a su configuración original, aún es posible efectuar un seguimiento de la estructura primigenia, ora engullida por obras posteriores ora libre de transformaciones, a lo largo de una amplia proporción de su perímetro.

VISITA Y ACTIVIDADES

El castillo, de propiedad particular, permanece cerrado y con peligro de derrumbe, circunstancias que impiden la visita a su interior. Se pueden concertar visitas[21] para acceder a diversos cubos restaurados, un subterráneo y áreas rehabilitadas de la muralla, que cuentan con ilustrativas maquetas, tanto del castillo como de la muralla, paneles y otros componentes que proporcionan una información muy interesante. Esta información aborda aspectos verdaderamente singulares, que incluyen no sólo datos históricos sobre el devenir del conjunto fortificado, sino también sorprendentes revelaciones sobre la vida interior de la muralla, utilizada como habitación hasta tiempos relativamente recientes.

MONTEALEGRE

Castillo de Montealegre, edificio que puede presumir de haber resultado invicto en todos los ataques lanzados contra él.

Montealegre señala el límite entre Tierra de Campos y Montes Torozos, de modo que según los tratados aparece incluida en una u otra comarca. El libro de Behetrías de Pedro I remarca su pertenencia a la Merindad de Campos. Por el contrario, otras obras modernas reparan en su ubicación, encaramada sobre las elevaciones más septentrionales de las parameras de Torozos, para encuadrar a la villa en esta región natural.

El castillo de Montealegre[1] -no así otra fortificación que debió precederle en el mismo emplazamien-to- goza de la insólita condición de invicto, dado que todos los ataques sufridos a lo largo de los siglos fueron rechazados por sus defensores, lo que elogia su robusta funcionalidad.

El visitante hallará en un muro del castillo una lápida con la que el Ateneo de Valladolid rindió homenaje al poeta Jorge Guillén, en la que se talló el poema que encabeza este cuarteto:

Castillo aún, castillo con murallas
En torno al interior desierto hueco:
Erguida tu altivez sin luchas. ¿Hallas
quizá de la grandeza muerta el eco?

APUNTE HISTÓRICO

No existe constancia fehaciente sobre su origen ni documentos relativos a la fecha e impulsor de su edificación. Se ha especulado con la posibilidad de que un primer edificio, precedente del actual, fuese edificado en el s. XII a instancia de Alfonso Téllez de Meneses. Otros tratados hablan de Tello Pérez de Meneses como responsable de la construcción de ese edificio original. Al margen de estas inseguridades, parece que el edificio actual pudo levantarse a finales del s. XIII o comienzos del XIV. En 1294 Alfonso de Meneses había adquirido el señorío de Montealegre, circunstancia que avala su condición de impulsor de la obra[2].

Las fuentes historiográficas recrean la revuelta que en 1314 inicia un representante del linaje Meneses frente a los tutores del rey Alfonso XI durante la minoría de éste, apareciendo el castillo de Montealegre como una de las sedes de aquel belicoso personaje nobiliario.

En el marco de la denominada *guerra civil castellana*, que enfrentó a los partidarios de Pedro *el Cruel*

Adarve y patio de armas del castillo de Montealegre.

con los de su hermanastro el infante Enrique, este castillo adquirió protagonismo. Montealegre había pasado a formar parte del señorío de los Alburquerque. En la segunda mitad del siglo XIV, aprovechando la circunstancial ausencia de su titular, don Juan Alfonso de Alburquerque[(3)], Pedro I decidió asaltar el castillo. La esposa del propietario, doña Isabel Téllez de Meneses, haciendo gala de enorme determinación, dirigió su defensa y obligó a claudicar a las huestes del monarca.

Algunas transferencias intrafamiliares ponen la villa en manos de doña Leonor de Meneses, quien acuerda con el monarca Juan II de Castilla una permuta que incluye esta plaza, de modo que Montealegre retorna a la realeza. Posteriormente, la monarquía dona la villa a un hijo extramatrimonial del infante don Juan Manuel, llamado Enrique Manuel. Aparece documentada, en 1419, la confirmación real de la donación en favor de Pedro Manuel, cuya heredera habilitará, por vínculo ma-

Panorámica del castillo y de la localidad de Montealegre | *AITOR GUTIÉRREZ COSGAYA.*

trimonial, el acceso de la población al linaje titular del condado de Feria.

Tiempo después, en este castillo se atrincheraron las huestes comuneras durante la revuelta de 1520-21. Haciendo gala de su proverbial inexpugnabilidad, la fortificación rechazó un intento de conquista ordenado por el emperador Carlos. Los comuneros resistieron aquí los ataques y únicamente un acto de traición franqueó sus puertas al ejército enemigo[4].

El escudo del linaje Guzmán y Rojas, que ocupa posición intermedia entre el vano de la puerta y el airoso sistema amatacanado que la protege, debió ser instalado en el s. XVII por Martín de Guzmán, quien había heredado el marquesado de Montealegre.

RASGOS ARQUITECTÓNICOS

Los expertos catalogan esta fortificación entre las de la tipología denominada *mediterráneo-árabe*, usual en Europa a partir de la decimotercera centuria. Desde otra perspectiva, algún tratadista también ha sugerido, al reparar en su solidez, similitudes

El castillo de Montealegre fue escenario de disputa en contiendas como la denominada guerra civil castellana o en la revuelta de los comuneros | AITOR GUTIÉRREZ COSGAYA.

con el cercano castillo de Villalba de los Alcores[5].

Su planta dibuja un cuadrado algo irregular, al que se han añadido gruesas y contundentes torres angulares de base ligeramente rectangular -alguna de ellas adopta, respecto al muro, un engarce algo oblicuo-. En el centro de los paños murales se instalaron cuatro torrecillas cilíndricas, que alivian la sensación de pesadez del conjunto. En el cantón orientado hacia el sureste aparece la torre del homenaje, de planta pentagonal[6] y grandes proporciones. Se accede a ella desde el patio de armas, a través de una puerta de vano ligeramente ojival que descansa sobre capiteles vegetales simples.

Robustos muros, de cuatro metros de grosor y veinte metros de altura, cierran el patio de armas.

Conserva el almenado del cuerpo interior, con merlones rematados por albardillas. Un amplio camino de ronda recorre todo el perfil superior. Las torres angulares, incluida la del homenaje, han perdido su remate, presumiblemente almenado, a partir del nivel del adarve. La parte más damnificada del castillo es la torre del homenaje. Ha perdido nada menos que veinte metros de su altura original, y, pese a que se han repuesto media docena de hiladas de sillares, ha perdido una galanura que debía convertir en verdadero asombro la contemplación de este conjunto.

Sobre el vano de acceso, enmarcado con arco ligeramente ojival, se colocó un elegante sistema de defensa amatacanado apoyado sobre ménsulas múltiples. Han desaparecido la barrera protectora exterior y el foso que, antaño, dificultaban al asaltante el acceso al edificio.

ESTADO DE CONSERVACIÓN

A mediados del s. XX fue adquirido por el SENPA para su habilitación como silo de cereal. Por fortuna, la fortaleza había sobrevivido a un peregrino proyecto pergeñado a comienzos del siglo XX para el empleo de su sillería en obras del ferrocarril local[7]. Ha sido objeto de una importante obra de restauración y su fábrica evidencia signos de reconfortante consolidación.

Elegante sistema de defensa amatacanado sobre el vano de acceso.

VISITA Y ACTIVIDADES

Una vez abandonada su función relacionada con el almacenamiento de grano, su patio pasó a iluminarse en la estación estival para acoger las Veladas de los castillos, consistentes en conciertos organizados por la Diputación Provincial. Además, el remozado interior de su torre del homenaje[8] acoge un Centro de Interpretación que proporciona al visitante interesante información sobre la historia del edificio.

En la actualidad, el castillo ha sido cedido al Ayuntamiento de la villa. Se han habilitado para visita guiadas un periodo estacional con horarios y tarifas que deben consultarse a través de las fuentes sugeridas en nota al pie[9].

Planta inferior de la torre del homenaje.

MOTA DEL MARQUÉS

Restos de la torre del homenaje del castillo de Mota del Marqués, única en la provincia de Valladolid con planta circular.

La villa de Mota del Marqués[1] estuvo cercada por una muralla, de la que no quedan vestigios[2], y protegida por un castillo[3] que sufre un poco digno final encaramado sobre la mota que domina la población.

No se conoce de manera fehaciente el origen de este castillo, del que únicamente sigue en pie una parte de su robusta y singular torre del homenaje, ejemplar de planta circular, única en la provincia de Valladolid. Se ha sugerido la atribución de su edificación a los caballeros teutones[4], autores de un edificio conventual en la villa[5], pero diversos autores cuestionan esta propuesta.

Su original torreón se fabricó con un revestimiento de sillarejo de caliza pontiense, poco regular, que envuelve un grueso interior de mampostería cimentada con argamasa. Muy singular resulta la cubierta con cúpula semiesférica. En este torreón fueron abiertas algunas saeteras para su defensa. La muralla provista de cubos y el foso que protegían el conjunto ya habían sido abandonados a mediados del siglo XVIII, como documentan los libros de fábrica de la iglesia de San Salvador, en los que se detalla la extracción de las piedras del castillo con destino a la construcción del templo[6].

Esta fortaleza ocupaba uno de los jalones de la línea estratégica que formaban diversas fortificaciones *de frontera* erigidas en los límites territoriales de los reinos de León y Castilla, y guardaba especial conexión con otras cercanas, en particular con la de Tiedra.

Triste destino rumia este castillo, que se hace más patente y doloroso por su teatral emplazamiento, desde el que parece pregonar a gritos su desgracia. Así lo expresaban los versos de Godofredo Garabito: «*Dolida la mirada llevo desde | el día en que mis ojos le miraron: | Ruinoso y carcomido. | Sombrío. Abandonado*».

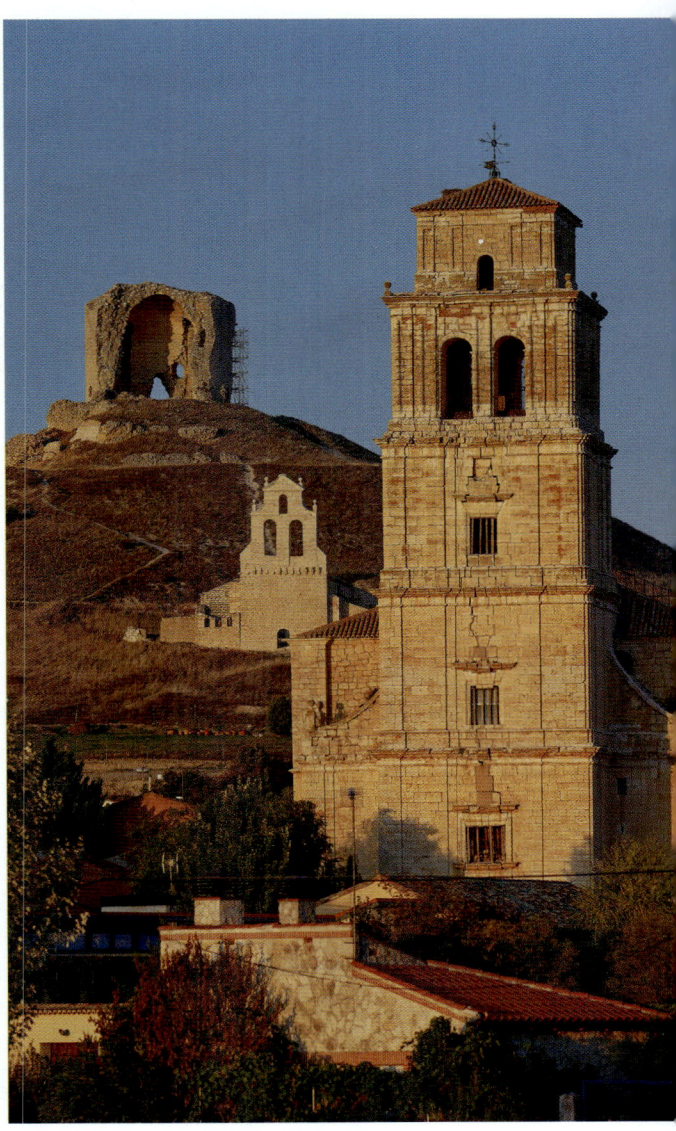

SAN PEDRO DE LATARCE

Poca consideración ha merecido entre los tratadistas el castillo de San Pedro de Latarce[1], al que la literatura especializada dedica un escaso número de páginas y exiguas muestras de reconocimiento. Quizá merecería más atención por su singularidad arquitectónica y su significado histórico.

La villa de la ribera del Sequillo hunde sus orígenes en tiempo de la dominación romana. La arqueología ha desvelado aquí la existencia de un *castellum* romano del que existen vestigios de muralla[2]. Se discute si la propia toponimia pudiera entroncar con un origen tan antiguo[3].

Su peculiar fábrica convierte a este extraño edificio de tapial en ejemplar único en la provincia de Valladolid. Se le han atribuido funciones tan singulares como la de contener las avenidas del río Sequillo, sirviendo de refugio a los habitantes de la plaza[4].

Algunas fuentes citan al monarca leonés Alfonso IX como impulsor de la obra primigenia, con la finalidad de proteger la frontera con Castilla. Para propiciar una rápida edificación se recurrió al tapial. Siguiendo esta hipótesis, su construcción se dataría en los últimos años del siglo XII.

Está ampliamente documentada la existencia de la bailía[5] que tenía como cabecera de encomienda a San Pedro de Latarce bajo titularidad de la Orden del Temple. Entre sus propiedades figuró este castillo, que recibió mediante permuta del rey leonés Alfonso IX en 1203, si bien no se produjo su toma de posesión por la Orden hasta 1217. La disolución de la institución templaria[6] propiciaría el retorno de sus bienes a la Corona.

En la segunda mitad del s. XIII y comienzos del XIV se modificaría su composición con obra de mampostería y técnica de encofrado y se incorporaría un torreón por cuyo pie se verificaba el acceso, al tiempo que eran reformadas las estancias interiores, hoy desaparecidas.

La villa debió acoger una población cuantiosa en el primer tramo del s. XIV. La Crónica del monarca castellano Juan II menciona la estancia en ella de su primo Juan I de Navarra, durante la primera mitad del s. XV.

Del castillo resta un perfil amurallado con forma irregular, que sugiere un polígono de tendencia trapezoidal con encuentros de lado romos y vocación de circunferencia trazada por mano inexperta. Los muros alcanzan un grosor de casi dos metros y medio, y fueron erigidos con combinación de aparejo de mortero y piedras, sillarejo irregular y canto rodado, mediante el empleo de la técnica del tapial. Algunos refuerzos realizados con sillares poco regulares deben responder a reformas sobrevenidas. El perímetro cercado alcanza la nada despreciable longitud de 350 metros, alzándose los muros hasta los doce metros de altura. Debió incorporar torres de madera, hoy desaparecidas, como corresponde a la durabilidad del material.

En la actualidad el castillo ha pasado a manos del Ayuntamiento de la villa. Existe un plan de recuperación y se ha rehabilitado el entorno de la puerta de acceso original. Está pendiente del desarrollo de un plan

de intervención que salve al edificio de su precario estado. En el presente el recinto interior se halla cerrado, pudiendo visitarse el exterior. La visita de su interior debe concertarse con el Ayuntamiento[7].

VILLAGARCÍA

Reconstrucción virtual del castillo realizada por David Marcos González, doctor arquitecto del Laboratorio de Fotogrametría Arquitectónica de la E.T.S de Arquitectura de la Uva. Imagen gentileza de la Asociación Amigos de la Historia de Villagarcía de Campos.

Villagarcía aparece documentada en el siglo XI, relacionada con un convento benedictino que allí se edificó, aunque habrá que esperar hasta el siglo XVI para asistir al florecimiento de la villa.

El castillo aparece reseñado como bien de la realeza castellana en el último cuarto del siglo XII. Cumplía entonces funciones defensivas de la frontera con León. En el siglo XIV es citado en el testamento de doña María, esposa de Alfonso XI *el Justiciero*, que lo había adquirido para su patrimonio particular y había designado como tenente a Gutierre González de Quijada. Desde 1336 se integró en el patrimonio del linaje Quijada. Por esta vía, la titularidad del señorío de Villagarcía recayó en don Luis de Quijada, mayordomo de Carlos I[1]. La confianza del emperador en su mayordomo era notoria, y motivó que le encomendase a él y a su esposa doña Magdalena de Ulloa la tutoría de su hijo natural *Jeromín*, hermanastro de Felipe II que pasaría a las crónicas históricas como don Juan de Austria.

Los tratados de Historia relatan asimismo el asalto al castillo por el ejército francés en 1810, durante la Guerra de la Independencia. El conjunto fortificado quedó asolado.

Los restos supérstites revelan un gran empaque arquitectónico, si bien lo conservado es un triste vestigio de lo que fue. Se han efectuado intervenciones para consolidar las escasas pinceladas existentes. Tuvo planta cuadrada, rodeada por foso y protegida por cerca exterior de sillería. El acceso se realizaba a través de dos puertas. La orientada al SO tiene vano de medio punto apoyado sobre impostas a modo de capiteles con sabor clasicista, y a ella se accedía mediante puente levadizo –más tarde remplazado por otro fijo de sillería– que salvaba el foso circundante. El acceso a la puerta oriental, con vano ligeramente ojival y protegida en origen con torre saliente, se realizaba mediante pasarela. La habilitada tras la intervención restauradora lleva incorporada una alusión a la referencia del proyecto de rehabilitación «QU 1554, Juan de Austria».

La estructura interior era compleja y separaba dos ambientes. En la mitad oriental se habilitó un amplio patio junto a la torre del homenaje y otro baluarte, también de planta cuadrada. En el sector opuesto, la reconstrucción ideal muestra un patio porticado de dos alturas que distribuiría, en su entorno, estancias residenciales. El recinto albergaba también algunas cámaras subterráneas. Una estructura compleja, armoniosa, bella y cargada de interés arquitectónico. Algunos autores consideran que este planteamiento que aúna elementos militares y palaciegos debe responder a una profunda reestructuración realizada a finales del siglo XV[2].

El castillo fue cedido al Ayuntamiento de la villa. A partir de 2014 se han realizado diversas intervenciones para rescatar los restos de la ruina total y para adecuar sus estancias, a fin de facilitar su visita y proporcionar información acerca de la relevancia histórica del castillo.

Aspecto actual del castillo
AITOR GUTIÉRREZ COSGAYA.

TORDEHUMOS

Restos del castillo de Tordehumos, elevado sobre un cerro que domina la planicie de Tierra de Campos | AITOR GUTIÉRREZ COSGAYA.

Una escritura del año 974 cita a la villa como *Autero de Fumus*[1]. Se ha planteado que la Torre de Humos que da nombre al pueblo haría referencia a las señales emitidas desde su castillo como estrategia defensiva en la línea de frontera entre reinos que ocupaba, encaramado en un otero sobre las planicies de Tierra de Campos.

En tiempos pasados tuvo mayor empaque y una importancia netamente superior a lo que indica su estado de abandono y sus ralos vestigios. Apenas han permanecido en pie desmembrados restos de la cerca exterior.

No se conoce la fecha de su edificación, pero sí que en 1184 figuraba como tenente del castillo un personaje llamado Fernando Moro. Parece que perteneció al realengo desde su origen. En esta localidad fue firmado en 1196 un tratado de paz entre León y Castilla que, como otros anteriores, apenas fue respetado. Sobre un edificio fortificado anterior debió erigirse el *nuevo* castillo, que el paso de los siglos ha maltratado y la incuria terminó de malograr. En 1308 don Juan Núñez de Lara se atrincheró en él para repeler las acometidas del ejército real de Fernando IV. Hacia 1328 la fortaleza pasó a manos de Leonor de Guzmán. Aparece asimismo documentada la *merced* que su hijo Enrique II dispuso en favor de Felipe

IV de Castro cuando este contrajo matrimonio en 1371 con su hermana doña Juana[2]. Reinando Enrique IV el señorío pertenecía al linaje Sandoval, y bajo el cetro de los Reyes Católicos pasó a la casa de Mendoza.

Otro episodio notable vinculado a este castillo está relacionado con los comuneros. Allí concentró sus tropas Pedro Girón en 1520. Es probable que su uso como baluarte del ejército comunero guarde relación, tras la derrota de Villalar, con el inicio de su decadencia. Pocos años después, en 1530, se cita como último gobernador conocido al brigadier del ejército imperial Antonio Atienza.

En 1849 Ventura García Escobar relata sus impresiones tras visitar el castillo[3] y permite conocer el estado que entonces presentaba la fortaleza. De su expresivo tenor puede extraerse que el conjunto se componía de recinto exterior de forma «esferoide» y gruesa muralla con fábrica de sillería de unos doce metros de altura y cerca de dos de grosor, provista de almenas y carente de troneras ni «*obras esternas para flanquear los frentes*: pero rodeada *de un anchísimo foso, cuyo vestigio aun se dibuja en toda la circunferencia*». Algunas aspilleras habilitadas para armas de fuego debieron practicarse con motivo de una reparación posterior a su edificación. Contaba con dos puertas de acceso a la espaciosa plaza de armas, una de ellas defendida con rastrillo y matacán. En el centro del patio se elevaba una torre del homenaje de planta cuadrada, de doce metros de lado y tres de espesor mural, coronada con modillones. García Escobar detecta en ella diversos escudos, entre los que identifica el de armas del antiguo reino de Castilla. El interior del torreón se dividía en cuatro estancias dispuestas en altura. Aún conservaba en ese momento la escalera entallada en el muro y ventanas de medio punto. De las instalaciones de avituallamiento cita «... *un hermoso algibe para aguas potables*».

El Diccionario de Pascual Madoz[4] indica sobre este castillo que «... *no se conserva más que la torre del homenaje; un algibe y algunos restos de sus fortificaciones*».

La torre colapsó, y las escasas dependencias interiores corrieron suerte pareja. Ha mantenido, únicamente, restos arruinados de la barrera exterior, de la que partía una muralla que protegía la villa. Acomoda su perímetro al perfil del cerro que lo soporta.

En 2018 se han realizado algunas intervenciones para consolidar sus restos. No obstante, el muy avanzado estado de descomposición de su estructura tan solo permite disfrutar de un magnífico emplazamiento, con amplísimas vistas sobre el entorno donde siglos atrás dirimieron sus diferencias monarcas castellanos y leoneses en su afán por ampliar sus respectivos territorios.

RESTOS Y EDIFICIOS DESAPARECIDOS

Aguilar de Campos, antes denominado Castro Mayor, se protegía con una muralla que algunos tratados datan en el s. X y con un castillo de tapial, posiblemente del s. XII, del que apenas quedan vestigios en un altozano que domina el casco urbano. En los albores del s. XIII la localidad pasó a manos de los almirantes de Castilla. El castillo fue arrasado por Alfonso IX de León en el marco de las luchas fronterizas con Castilla.

Barcial de la Loma[1] aún muestra en su solar restos arruinados de un edificio conocido como *La Fortaleza*, vestigios de un torreón de planta cuadrada y gruesos muros que dividía su interior en varias estancias en altura y contaba con ventanas defensivas con amplio derrame. Se ha propuesto que pudiera tratarse de un cubo de muralla. Pascual Madoz cita (1845-1850) en la villa *«...una fortaleza bastante bien conservada»*[2]. Este torreón prestó servicio a la Santa Junta[3] durante los episodios de la Revuelta Comunera. Entre sus titulares pudo encontrarse don Gutiérrez González de Quijada, a quien hizo

Restos arruinados de La Fortaleza, torreón de planta cuadrada de Barcial de la Loma.

Torreón de Castromembibre, identificado y promocionado como molino de viento, a pesar de que algunos autores le han atribuido otras funciones defensivas.

entrega de la población, por vía testamentaria, el monarca Juan I.

Bolaños de Campos posee un fragmento de muro y arcos de ladrillo de su antigua fortaleza, de la que se conservaron ruinas hasta el siglo XX[4]. Bolaños tuvo fuero concedido por Alfonso X en 1261. Mediado el s. XIII la villa pasó de manos del realengo a la Orden de Calatrava, que tuvo a su cargo el castillo hasta el inicio del s. XIV. En tiempos del reinado de Juan II la localidad perteneció a don Enri-

que, hermano del almirante de Castilla. La ruina de la fortificación quedó parcialmente oculta por la construcción de bodegas y otras edificaciones. Se planificó una intervención orientada a eliminar alguna de las construcciones adosadas y consolidar los restos mediante el sellado de grietas y corona mural, para evitar el deterioro producido por la entrada de humedad en los muros.

Castromembibre ha conservado, en una loma que se alza extramuros de

Torreón situado en la localidad de Villafrechós, construcción de finales del siglo XVI empleada como molino de viento.

la villa, un torreón con forma de tronco de cono[5]. Su origen y cometido han sido objeto de diferentes interpretaciones. Su denominación local como *Atalaya el Molino* deriva de la consideración de que tuvo asignadas funciones de molino de viento[6]. También se ha planteado la posibilidad de que operase como atalaya de vigilancia y comunicación –desde ella se divisa con claridad el castillo de Tiedra–. Otros lo consideran un elemento desgajado de una antigua fortificación, *disiecta membra* de lo que fuera un castillo al que las fuentes documentales dejan huérfano de información. En todo caso, la tradición local señala la existencia de otros molinos de viento harineros en el entorno, como el de Villafrechós[7].

Castromonte mostraba a Pascual Madoz «*...una antigua muralla, de la que aun se conservan bien algunos trozos y 4 arcos, uno de ellos ogivo, otro de medio punto y los otros dos semicirculares, todos los que con otro que se arruinó se cree que fuesen las puertas principales*». De aquella cerca protectora se han conservado algunos fragmentos de lienzo, ocasionalmente aprovechados para apoyo de edificaciones.

Castroponce, antigua Castrodonín, aportó un castillo a la línea defensiva que el Reino de León instauró para proteger la frontera con Castilla. Este edifico aparece reseñado en el Tratado de Fresno-Lavandera suscrito en 1183 para deslindar las fronteras de

Restos del castillo de Fuenteungrillo, asentamiento del periodo medieval que resultó despoblado en el siglo XV.

ambos reinos. No obstante, finalizando el siglo el monarca castellano Alfonso VIII ordena su asalto y se hace con la plaza. El castillo sería arrasado por milicias concejiles en lucha con la nobleza.

Fuenteungrillo fue asentamiento relacionado con la repoblación impulsada a caballo entre la décima y undécima centurias. Tuvo cierto florecimiento[8] hasta finales del s. XIV, cuando inicia un proceso de abandono que condujo a su total despoblamiento, consumado en el s. XV. La arqueología ha rescatado vestigios de este entramado medieval, que contó con muralla –provista de dos puertas– y un robusto castillo integrado en la línea defensiva fronteriza de León y Castilla. Se desconocen datos sobre el origen de este edificio fortificado, si bien existe constancia de que mantuvo su funcionalidad al menos entre la segunda mitad del s. XII y el primer tercio de la siguiente centuria. Está documentada su ocupación por la Orden del Temple, que cedió el testigo a los caballeros hospitalarios de San Juan de Jerusalén. La unión de los reinos de Castilla y León dejó sin función defensiva a este edificio, que inició un proceso de desintegración. Hoy día apenas pueden verse algunas hiladas basales del recinto fortificado. En este entorno se ha instalado un aula didáctica arqueológica[9] y se ha reconstruido una vivienda. Asimismo, se han habilitado visitas guiadas[10] que proporcionan

El Arco de Mayorga, uno de los escasos vestigios del recinto amurallado que tuvo la localidad.

amplia información sobre el origen, formas de vida y vicisitudes históricas de este interesante enclave medieval.

Herrín de Campos, antaño Herrín de Mohellas, formó parte del realengo bajo cetro de Fernando IV de Castilla, monarca que vendió la plaza a su hermano el infante don Pedro, quien continuó la cadena de transmisiones cediéndolo por testamento al monasterio burgalés de Las Huel-

gas Reales. La localidad estaba integrada en la Merindad de Campos en el Becerro de las Behetrías de Castilla. Quizá la denominación popular del pago donde hoy se asientan las bodegas, conocido como *el castillo*, guarde alguna relación con una fortaleza o muralla desaparecida, que algunas fuentes mencionaban como existente en el siglo XIII.

Mayorga acredita rica historia desde tiempos remotos. Algunos tratados ven en ella a la antigua *Meóriga* que Ptolomeo menciona entre el complejo vacceo que pobló este entorno. Otras fuentes indican que fue destruida por Almanzor y reconstruida por Fernando II de León en 1170[11]. Es citada como residencia de reyes navarros, sede de Cortes y escenario de cruentos conflictos bélicos y prolongados asedios. Fue bailía templaria. El infante don Pedro de Aragón sometió a la villa a un largo asedio durante la minoría de Fernando IV. El conde de Benavente, perteneciente a una saga beligerante, tomó la plaza. Señala Madoz que su «...*fortaleza fue entregada por traición del alcaide Juan Alonso de la Cerda*»[12]. Además de la fortaleza que cita Madoz, Mayorga tuvo una muralla que algunos historiadores relacionan con la repoblación impulsada por Fernando II de León, quien concedió a la localidad fuero propio en el último cuarto del s. XII y la consideración de villa. De aquel cercado mural, provisto en origen de cuatro accesos, únicamente han pervivido la puerta *del Sol* -hoy conocida como *El Arco*- y un tramo de muralla que ha sido consolidado.

Medina de Rioseco debe su sobrenombre como *Ciudad de los almirantes* a la concesión del señorío de la plaza al linaje Enríquez, que convertiría a esta localidad en eje de un verdadero *estado señorial*. Enrique III concedió a Alfonso Enríquez el título de almirante mayor de Castilla en 1405. Poco más de tres lustros después, este personaje de la nobleza recibió el señorío de la plaza de manos de Juan II. Gracias en parte a los privilegios reales recibidos para la celebración de ferias y algunas exenciones impositivas, Medina de Rioseco adquirió extraordinaria preeminencia y Felipe III elevó su rango al de ciudad en 1632. El extraordinario lujo de valores arquitectónicos que atesora permite comprender la relevancia que alcanzó. Enclavada en territorio de frontera entre León y Castilla, la población fue protegida con una muralla erigida en virtud de un privilegio otorgado a finales del s. XII por el monarca Alfonso VIII[13]. En 1520, la villa jugó un papel destacado en la Guerra de las Comunidades como fortín en el que el regidor real, cardenal Adriano, se guareció de las acometidas comuneras. Tras este conflicto, a mediados del s. XVI, se edificaría en el solar que hoy ocupa el parque de Osuna y frente al convento de San Francisco el palacio de los Almirantes, del que no ha llegado vestigio alguno hasta nosotros[14]. Sí que han permaneci-

do en pie, por el contrario, algunos fragmentos de la muralla engullidos por el entramado urbano y una de las ocho puertas que tuvo en origen -desaparecieron algunas (v. gr. puertas de la Posada o de Castro) mientras otras fueron modificadas (puerta de Zamora) o derruidas (puerta de San Miguel) para habilitar otra más espaciosa en nuevo emplazamiento-. La única puerta de la muralla original conservada es la del Ajújar, abierta en muro de notable espesor, con vano de perfil superior ojival y cubierta a dos aguas. La hilada de triple ménsula que recorre su corona debió soportar un matacán defensivo. En su interior alberga un Museo Municipal que agrupa motivos explicativos de la historia de la villa. En el s. XVI, la puerta de Zamora sustituyó al acceso original por el camino que enlazaba con Toro. Forma una torre sustentada sobre cuatro arcos de medio punto, y sobre ella se construyó el edificio que habría de acoger la capilla de la cofradía de Nuestra Señora de las Nieves. Tras la eliminación de la puerta de San Miguel se edificó, a mediados del s. XVI y en emplazamiento relativamente próximo, la puerta de San Sebastián. Su cometido se ha relacionado con funciones de tipo fiscal -derechos de portazgo y control de mercancías-. En su fachada exterior fue colocado el escudo de los Enríquez, flanqueado por los de la localidad, mientras en su cuerpo alto se instaló la capilla de la cofradía del Cristo de las Puertas[15].

Peñaflor de Hornija se protegía con una muralla que fue derruida en 1564, reinando Enrique IV de Castilla.

San Salvador pudo contar con un castillo hoy desaparecido. La toponimia local sirve para sustentar esta tesis[16], carente de confirmación documental. Algunos autores han sugerido que la iglesia de la localidad pudo formar parte del mismo.

Valdenebro de los Valles formó parte de la línea de plazas fortificadas que defendían la frontera entre los reinos de León y Castilla. Se ha sugerido que los restos de muralla pudieran esconder un precedente romano[17]. La Crónica de Alfonso XI relata el pillaje y otros abusos cometidos por los habitantes de la localidad al amparo de su castillo, por lo que el monarca ordenó, en 1322, tomar la fortificación y ajusticiar a los convictos. Este monarca donaría el castillo a su hijo don Tello. En 1422 fue nombrado señor del castillo el conde de Castro, don Diego Gómez de Sandoval. Enrique IV donó el castillo al almirante de Castilla Fadrique Enríquez. Destacan las fuentes que en el s. XVI tanto el castillo como la muralla presentaban un buen estado de conservación[18]. De todo el conjunto fortificado apenas han pervivido ralos vestigios, que obligan a los historiadores a poner a prueba su instinto arqueológico para recomponer imágenes de lo que pudo representar el complejo defensivo.

Villacid de Campos conserva un torreón -popularmente denominado *el Cubo*-, al que la tradición señala como elemento desgajado de antigua fortaleza, a la que asocia notables acontecimientos, algunos vinculados a la pretendida titularidad de Rodrigo Díaz de Vivar. Para apostar por una cronología antigua -s. XI- se aduce su fabricación con ladrillo, circunstancia que pudiera sugerir una *obra de repoblación*[19]. La fortaleza aparece documentada en el s. XIII como posesión de María Téllez de Meneses. Sus sucesores transmitieron al linaje Enríquez -en la persona de don Alfonso- parte de su señorío sobre la villa, que pasaría después a los Osorio, que la mantenían en su poder durante los sucesos de la Guerra de las Comunidades. Consta un asalto a villa y fortaleza protagonizado en 1521 por don Juan de Mendoza, hijo de quien la Historia recordaría con el sobrenombre de *Gran cardenal de España*, don Pedro González de Mendoza[20].

Villagómez la Nueva, antes denominada Villahamete, conserva algunos restos arruinados del palacio de los Villagómez. Se edificó en el siglo XV y fue modificado dos centurias después. De su antiguo esplendor apenas han llegado hasta nosotros restos de una fachada en la que se abre una puerta con arco carpanel sobre la que destaca una singular formación almenada que porta los escudos de la familia que edificó el palacio. También se conservaron algunos ralos fragmen-

Puerta del Ajújar, único acceso original de la antigua muralla de Medina de Rioseco que se ha conservado hasta nuestros días.

tos de muralla, que estuvo provista de cubos defensivos.

Villabrágima estuvo protegida por un castillo, de incierta datación, y una muralla que debió levantarse en el s. XIII. De aquel conjunto apenas resta algún vestigio de la muralla y una puerta de sillería, con vano de medio punto y notable grosor, que hoy es conocida como *puerta del reloj* –por cuanto en el s. XX se añadió un cuerpo superior para instalar el instrumento que advierte a todos los vecinos que por allí transitan de la hora que corre–. Dos torres laterales debían defender este acceso. El castillo debió conocer las maquinaciones que urdían los beligerantes infantes de Aragón durante el mandato de Pedro I. Las fuentes historiográficas también vinculan a Villabrágima con el ducado de Benavente y a los almirantes de Castilla. Su castillo jugó papel relevante durante la Guerra de las Comunidades como lugar de acantonamiento de las tropas que don Pedro Girón puso al servicio del emperador. La iglesia de Santa María de Villabrágima acogió a negociadores de ambos bandos para intentar un acuerdo de paz que fue rechazado por el obispo Acuña, representante de los comuneros, en virtud de los múltiples agravios recibidos por estos.

OTROS LUGARES DE INTERÉS

La oferta de lugares de interés que los anteriores itinerarios ponen al alcance del viajero es asombrosamente amplia, como corresponde a la relevancia histórica de los territorios y poblaciones de Tierra de Campos y Montes Torozos. Por este motivo, descender al detalle de los valores patrimoniales allí existentes requeriría un tratado independiente. Con simple carácter ejemplificador se destaca, a renglón seguido, un conjunto de alicientes próximos a los castillos descritos[1].

Aguilar de Campos posee un interesante rollo jurisdiccional[2] erigido en el s. XV, al que sirve como telón de fondo la estampa de la fachada occidental de su iglesia de San Andrés, considerada como «... *la iglesia mudéjar más importante del ámbito terracampino, y tal vez la más importante de toda la provincia, monumento al que todos los historiadores del Arte (desde Quadrado en 1861 hasta nuestros días) han celebrado*» [3]. La estampa de su portada de poniente dejará grabada en la retina del viajero una impronta imperecedera.

Barcial de la Loma ha restaurado primorosamente el retablo mayor plateresco de su iglesia dedicada a San Pelayo, cuya representación destaca en el cuerpo central de la obra. Se atribuye a un seguidor de Juan de Valmaseda y data del primer tercio del s. XVI. Las tallas de mayor calidad son las del apostolado que ocupan plaza en la predela[4].

Cuenca de Campos muestra el magnífico ejemplo de templo de tipología mudéjar en su iglesia dedicada a los Santos Justo y Pastor. Edificada en los primeros años del s. XVI, incorpora un espléndido artesonado policromado. La parte escultórica de su retablo mayor renacentista, que data de finales del mismo siglo –en torno a 1580–, se atribuye al *romanista* Pedro Balduque.

La Santa Espina, nombre abreviado con que se conoce al monasterio de Santa María de la Santa Espina, emplazado en una hondonada natural de Montes Torozos, atesora la imponente mole arquitectónica de su iglesia, edificada por mandato de la infanta Sancha, hermana del monarca Alfonso VII, a mediados del s. XII. Sucesivas reformas y adiciones han completado un conjunto notable que comprende hospedería, claustro, sala capitular, sacristía e iglesia. En el templo destacan, entre otros valores, la capilla funeraria del linaje Vega, con influencias del gótico flamígero, y un espléndido retablo mayor cuya parte escultórica se atribuye a Diego de Marquina[5].

Medina de Rioseco es, considerada la ciudad en conjunto, un verdadero museo con una oferta inagotable de recursos patrimoniales. El paseo por su bien conservado entramado urbano sumerge al visitante en un ambiente tradicional, heredero de la relevancia que alcanzó en siglos pasados *la ciudad de los mercados*. Cuenta con un conjunto de

Portada mudéjar
de la iglesia de San Andrés,
en Aguilar de Campos.

Retablo mayor de Santa María de Mediavilla, en Medina de Rioseco.

Fábrica de harinas San Antonio, en Medina de Rioseco.

templos y museos de valor excepcional. Santa María de Mediavilla[6] exhibe, como valores destacados y entre otros muchos, la magnífica capilla de los Benavente y un retablo mayor renacentista de extraordinario valor[7]. La iglesia de Santiago[8] ofrece tres magníficas portadas y, al interior, un celebrado retablo barroco –también destaca la bóveda nervada de la sacristía–. De gran interés resultan, asimismo, los museos de Semana Santa[9] y San Francisco. Un paseo hasta la dársena del Canal de Castilla permite asomarse al edificio de la fábrica de harinas San Antonio, de indudable atractivo[10].

San Cebrián de Mazote conserva una de las joyas más destacadas de la arquitectura religiosa vallisoletana. Su iglesia mozárabe se edificó entre los años 910 y 920 con el impulso del abad Martín, llegado de tierras cordobesas. Sus espléndidos arcos de herradura, apoyados sobre capiteles corintios, sumergirán al visitante en un ambiente mágico y reverencial, en el que se hace palpable el aura que confiere al interior del templo su antigüedad milenaria.

Torrelobatón asombra con la sobria y armónica elegancia que destila su castillo. Pero no debe abandonarse la villa sin contemplar el espléndido retablo mayor de su parroquial de Santa María. La escultura es obra de la gubia de Manuel Álvarez[11] y combina elementos de características diferenciadas en la mazonería y en la decoración. Debió tallarse y ensamblarse entre 1570 y 1580.

Urueña, *Villa del Libro*, expresa de manera terminante su compromiso con la cultural y agrupa en su solar una concentración de librerías sin parangón en toda la región. Al indiscutido atractivo de su casco histórico y a su teatral puesta en escena como *balcón de*

Ermita de Nuestra Señora de La Anunciada, en Urueña.

Tierra de Campos une diferentes espacios culturales: Centro Etnográfico Joaquín Díaz, Centro e-Lea Miguel Delibes[12] o museos de la música, del cuento y de las campanas. Desde los miradores de la muralla orientados al mediodía se divisa la estampa de la muy interesante ermita de La Anunciada, cuya tipología románica sorprende al incorporar el elemento decorativo de sus arquillos lombardos –arquerías ciegas–, tan poco usual en tierras vallisoletanas[13].

Villagarcía de Campos albergó a don Juan de Austria durante su infancia, al cuidado del matrimonio formado por don Luis Quijada y doña Magdalena de Ulloa. Esta última se mostró receptiva con el interés de San Francisco de Borja y accedió a financiar la edificación de la espléndida colegiata de San Luis, que reúne valiosas muestras artísticas[14] en un entorno monumental dominado por la iglesia colegial. El retablo mayor del templo es obra admirable por su especialidad y significado. Fue trazado por Juan de Herrera y ejecutado por Juan Sanz de Torrecilla a partir de 1579[15]. Magníficas son las tallas de San Ignacio de Loyola y San Francisco Javier, atribuidas a Gregorio Fernández y el crucificado de Manuel Álvarez tallado hacia 1565. Dignos de admiración son, asimismo, el espléndido púlpito hexagonal y la reja contratada con Juan Tomás Celma en la que también intervino su discípulo Diego de Roa. Completan el conjunto las capillas del Sagrario o de las Reliquias y de la sacristía, con celebrado retablo barroco.

OTROS LUGARES DE INTERÉS

Villalón de Campos muestra el que probablemente sea el más bello y representativo del granado ramillete de rollos jurisdiccionales de Tierra de Campos[16]. Fue erigido en el primer cuarto del s. XVI por el alarife García Muñoz[17]. En esta localidad ejercieron jurisdicción miembros del linaje Pimentel, que ostentaban rango de condes de Benavente y el señorío de la plaza. La iglesia de San Miguel, edificio gótico-mudéjar del s. XIV conserva, entre otros valores, un sepulcro con escultura yacente atribuida a la gubia genial de Juan de Juni.

Cabecera de la iglesia de Santa María, en la localidad de Wamba.

Wamba sorprenderá al visitante al poner ante su atónita mirada el osario que conserva en una de las capillas de un antiguo claustro, hoy desaparecido, que se adosaba a la iglesia de Santa María[18]. La cabecera de esta iglesia es otro motivo de interés extraordinario. Fue edificada en los años de repoblación –en torno al 930–, y muestra un espléndido conjunto de arcos de herradura con las características de la estilística mozárabe[19]. El cuerpo del edificio corresponde a una intervención realizada en el s. XII con pautas románicas, relacionada con la titularidad de la orden Sanjuanista.

LAS EDIFICACIONES FORTIFICADAS

Desde el punto de vista de su estructura arquitectónica las edificaciones fortificadas muestran heterogeneidad morfológica. Los inventarios de patrimonio cultural señalan distintas categorías de fortificaciones, entre las que figuran murallas, torres, puentes fortificados, castillos, fortalezas, fuertes y otros edificios (civiles y religiosos).

La **muralla** es un modo de *fortificación ciudadana*, cuyos orígenes se remontan a lejanos tiempos de la Antigüedad. Algunas de las muestras existentes en la provincia de Valladolid son herederas de un legado antiquísimo y fueron consolidadas y reconstruidas, con técnicas más depuradas y materiales más resistentes, sobre los restos de obras de civilizaciones anteriores, como las murallas reedificadas sobre vestigios levantados en época prerromana para protección de los castros. Al mismo tiempo, la muralla sirve[1] en ocasiones de apoyo a edificios defensivos más complejos y estructurados.

Otro de los recursos ideados para entorpecer el avance del enemigo fue la excavación de un **foso** –también denominado *cava*– entre el glacis –terreno despejado que rodea la fortificación– y el muro del recinto interior. La eficacia defensiva del foso se reforzaba con la construcción de una sólida barrera, que en el lenguaje de la arquitectura militar se denomina con voces tan sonoras como coracha –cuando protege el acceso a una torre albarrana–, barbacana –que designa las barreras que circundan el recinto interno de la fortificación– o falsabraga –especie de cerca a modo de terraplén–.

También ayudaba a contener el asedio del enemigo la interposición de un alambor o talud inclinado sobre zócalo, que reforzaba la base de un muro y dificultaba la aproximación de las máquinas de asalto al edificio.

Al extenderse el empleo de explosivos, la mina de pólvora irrumpe como un serio peligro que amenaza la aparente inexpugnabilidad de las fortificaciones. Algunos ingenieros militares medievales desarrollaron sorprendentes técnicas orientadas a prevenir la excavación de minas por los eventuales asaltantes, creando un pozo en un lugar estratégico del muro, en general bajo un espolón o contrafuerte avanzado, que permitía, a través de las ondas que la excavación de la mina producía en la superficie del agua, detectar el subrepticio intento de aproximación subterránea del enemigo.

Resto de la muralla de Peñafiel.

Descendiendo al detalle, aspectos aparentemente nimios adquirían importancia. Así, la irregularidad en la altura de los escalones dificultaba el asedio del asaltante. Y la elección del sentido de las agujas del reloj en el diseño de las escaleras de caracol dificultaba

Foso del castillo de La Mota, en Medina del Campo.

la maniobra ofensiva del atacante diestro, que se veía forzado a combatir en escorzo frente al defensor que ocupaba los peldaños superiores, toda vez que este podía emplear la mano izquierda para asirse al pilar central de la escalera y manipular el brazo diestro[2] con mayor facilidad que el adversario.

Para arrojar a mansalva armas o aceite hirviendo sobre los atacantes se instalaban buhardas –balcones volados– sobre los puntos estratégicos y vulnerables del fortín.

La **torre** responde al modelo de edificación cubierta más simplificado y juega un papel fundamental en la planificación defensiva de la fortificación. Algunas aparecen exentas y otras integradas en conjuntos complejos. En este último caso, se erigen en el elemento más importante del castillo. Otras torres tienen un carácter *mixto*, pues no encontrándose integradas en el núcleo central de la fortificación forman parte de la misma como una *avanzadilla defensiva* que contribuye a su protección. Se trata de las denominadas torres albarranas, que aparecen separadas del cuerpo central y comunicadas únicamente por pasillos volados o puntos de contacto angulares. Su disposición avanzada y separada del resto de la edificación suponía un puesto de resistencia orientado a mitigar y atemperar el fragor inicial del ataque enemigo. También se construyeron torres albarranas para proteger ciertos puntos estratégicos, como el que garantizaba el suministro de agua o el que daba acceso al núcleo de la fortificación, y para asegurar la defensa de un lugar de paso forzoso en la acometida al castillo. Con respecto a su finalidad, había torres de ocupación, defensivas, de vigilancia y residenciales.

Desde el punto de vista de la *representatividad arquitectónica*, la **torre del homenaje** constituye el auténtico emblema y el símbolo de autoridad, además de ser el último re-

Castillo de Montealegre, fortaleza erigida sobre el perfil de un páramo que domina la planicie de Tierra de Campos.

ducto defensivo. Su nombre deriva de la escenificación de un homenaje o acto de ratificación de fidelidad que el alcaide debía rendir en esta estancia a su señor al tomar posesión del castillo. En algunas edificaciones singulares se construyeron otro tipo de torres interiores, superpuestas sobre la estructura central de otra torre de mayor empaque. Son las denominadas torres caballero, desde las que se disponía de una mejor perspectiva para garantizar la defensa del edificio, al tiempo que proporcionaban albergue a un cuerpo de guardia.

Los **cubos** son pequeñas torrecillas cilíndricas adosadas a la muralla que protege el núcleo central del castillo o al cuerpo alto de la torre del homenaje. Unen a su función defensiva una indiscutida virtud ornamental.

El avance de la arquitectura castrenses ocasionó la aparición de los **baluartes**, torres de planta semicircular o poligonal que se instalaban, exentas, frente a la edificación principal para protegerla del fuego directo y para el empleo de armas artilleras.

Se acostumbra a denominar **castillo** al edificio fortificado de estructura más compleja, compuesto generalmente por al menos dos recintos y dotado de una torre del homenaje. En muchas ocasiones, los castillos que han llegado hasta nosotros son el resultado de un proceso de adición de elementos a los viejos torreones, que se reconstruyen para dignificar su nuevo destino como torre del homenaje. Los tratados de arquitectura militar citan diferentes tipos. Se habla de castillos roqueros[3] cuando su instalación aprovecha las condiciones defensivas naturales de un asentamiento escarpado, al que

el edificio suele adaptar su planimetría. Los estrategas medievales manifestaron predilección por la abrupta escarpa o la mota –leve elevación natural o artificial– a la hora de elegir un emplazamiento. El desnivel y el sustrato rocoso de los castillos roqueros hacían más penoso el acceso a la fortificación y dificultaban la labor de los zapadores. Pero no es la base rocosa el único condicionante que motiva la planta irregular de muchos castillos. Cualquier accidente o peculiaridad orográfica podía deparar una planta irregular, ajustada a un determinado emplazamiento con buenas condiciones defensivas. Por el contrario, cuando el lugar de asentamiento permitía un diseño sin condicionantes, se solía recurrir a una planificación simétrica que adoptaba diferentes formas: cuadrada, rectangular, romboidal, poligonal, circular...

Algunos modelos alcanzaron resonancia y establecieron pautas que fueron seguidas por otras edificaciones. Un ejemplo característico es el que los tratadistas Cobos y de Castro denominaron **Escuela de Valladolid** expresión con la que se designa a un modelo constructivo que se impuso en la segunda mitad del s. XV en un polígono que ocupaba tierras de Valladolid, Zamora y Palencia. Las similitudes en la traza resultan patentes en algunos castillos de la época y de la región, lo que ha movido a los

Almenas amatacanadas en la torre del homenaje del castillo de La Mota.

expertos a pensar en la intervención de unos mismos planificadores, canteros y ejecutores. Son características comunes a este grupo de edificaciones el diseño de planta cuadrada con remates angulares provistos de torrecillas cilíndricas y la construcción de robustas y destacadas torres del homenaje, ornamentadas con garitones volados, cuyas dimensiones y altura guardaban una estricta relación de proporcionalidad con el lado del cuerpo central –la altura de la torre es equivalente a la longitud del lado del recinto central, mientras que la elevación de éste corresponde con la mitad de su lado[4]–.

Los autores antes mencionados señalan las reformas realizadas por orden de Enrique IV a partir de 1460 en los castillos de La Mota y Portillo como exponentes iniciales de esta escuela, que va a ser seguida por las familias más poderosas del momento –Enríquez, Sarmiento, Girón y Vivero– al levantar los castillos de Torrelobatón, Peñafiel y Fuensaldaña, al margen de otros construidos en provincias vecinas. Dichos estudiosos señalan la similitud de la estructura interna de las torres de todos los edificios de la escuela, con idéntica resolución de las escaleras –provistas de cuatro tramos rectos en torno a un pilar central– e iguales sistemas defensivos en el acceso. Una segunda generación de castillos de esta escuela aparece en las obras de Villavellid o Villafuerte. Algunos historiadores adivinan la mano del arquitecto Gómez Díaz de Isla –reputado

Sistema de acceso, con puente levadizo, al recinto interior del castillo de Villafuerte de Esgueva.

maestro que intervino en las obras de la catedral de Palencia– en la planificación del modelo básico de esta escuela.

El término **fortaleza** es polisémico. En ocasiones se recurre a él para designar a edificios o conjuntos fortificados de grandes dimensiones. Otra acepción se refiere al edificio preparado para el uso de armas de fuego. La diferenciación entre castillo y fortaleza resultaba importante desde la perspectiva del control regio ejercido sobre los sistemas defensivos.

Los **puentes fortificados** jugaron, durante un amplio período de la Edad Media, un papel estratégico fundamental para vigilar el paso de las arterias fluviales, bien con fines defensivos, bien para el control fiscal de ciertas actividades sujetas a tributación.

La **casa fuerte**, otro de los sistemas de fortificación, responde principalmente a finalidades residenciales y con frecuencia adquiere caracteres palaciegos.

El **fuerte** es una edificación ideada para acantonar guarniciones militares, cuya finalidad primordial combinaba labores de vigilancia y defensa.

No todos los edificios fortificados tenían una finalidad estrictamente militar. Los **palacios fortificados** cumplían un doble cometido, residencial y defensivo. Tuvieron amplia implantación tanto en ámbitos áulicos como rurales.

El *acastillamiento* de los templos, mediante la instalación de coronas de almenado en el remate de las estructuras elevadas y el reforzamiento de sus paramentos, permitía conjugar su finalidad ritual con su empleo como recurso defensivo.

LAS EDIFICACIONES FORTIFICADAS

Mención especial merece la aparición de las **armas de fuego**, una auténtica revolución en la estrategia militar. Y es que las primeras armas de asedio, que empleaban como proyectiles toscas esferas de piedra[5] ante la imposibilidad técnica de fabricar grandes balas de hierro batido, resultaban poco operativas. Un avance importante fue la posibilidad de sustituir la fundición de bronce o latón por la forja de hierro. En algunos puntos de Europa aparecen castillos adaptados al uso de la artillería desde la segunda mitad del siglo XIV, si bien en nuestro entorno las armas artilleras retrasaron su llegada hasta la centuria siguiente. La evidencia más palpable de la adaptación de los edificios fortificados para el uso de este armamento radica en la sustitución de las tradicionales saeteras –ventanas aspilleradas que permitían lanzar flechas a través de una estrecha abertura por donde el riesgo de la puntería enemiga resultaba minimizado– por troneras –ventanas de más amplia luz para el uso de los gruesos cañones–. El avance del siglo XV impone la tronera circular con una cruz superpuesta, denominada de bola y cruz, y el ventanal de buzón, con estructura abocinada derramada hacia el exterior. La aparición de las armas artilleras móviles de asedio acarrearía serios problemas a las fortificaciones

Cubierta superior del castillo de Peñafiel.

De izquierda a derecha, aspillera, tronera de bola y cruz, tronera de palo y orbe y torre defensiva con troneras de buzón.

que, habiendo sido construidas antes de la irrupción de estas piezas, no habían contado con la existencia en sus inmediaciones de los denominados *padrastros*, cerros aledaños desde donde el novedoso armamento podía dominar la fortificación.

Evolución

Desde una perspectiva que relaciona la tipología con la cronología, ajustada a los procesos históricos que propiciaron la aparición de fortificaciones en Castilla y León, los historiadores de la arquitectura defensiva destacan las siguientes categorías[6]:

- Durante los siglos VIII y IX aparecen fortificaciones de frontera y conquista vinculadas a la invasión musulmana y la reacción del Reino de León. Presentan una notable heterogeneidad tipológica.
- La reorganización administrativa del territorio producida entre los siglos XI y XIV para facilitar la repoblación y fortificar poblaciones –vinculada a las Comunidades de Villa y Tierra– lleva aparejada una intensa actividad de amurallamiento. En paralelo, los castillos surgidos entre los reinados de Alfonso VI y Pedro I pertenecen generalmente al realengo y ocupan posiciones fronterizas entre los territorios de distintos reinos.
- El proceso de *señorialización* que se desarrolla entre el primer tercio del siglo XIII y el último cuarto del XIV se caracteriza por la cesión de villas y aldeas del poder real a la nobleza, circunstancia que propicia el alumbramiento de fortificaciones para defensa de los señoríos. Abarca un periodo que arranca con el reinado de Enrique y finaliza con el proceso de reversión iniciado por Isabel I de Castilla.
- La generalización del uso de armas artilleras, a partir del siglo XIV, obliga a adaptar las fortificaciones a nuevas estrategias defensivas. Lejos de Valladolid, este proceso alcanza sus más evolucionadas manifestaciones con la aparición de fortificaciones abaluartadas[7].

CAMPIÑA DEL PISUERGA Y VALLE DE ESGUEVA

CAMPIÑA DEL PISUERGA Y VALLE DE ESGUEVA

El río Pisuerga deslinda, a su ingreso en la provincia de Valladolid, los términos municipales de Valoria la Buena, a naciente, y Cubillas de Santa Marta a poniente. Antes de rendir sus aguas a las del Duero en Pesqueruela -cerca de Simancas-, vertebra una amplia y fértil campiña encajada entre el Cerrato y los Montes Torozos. Cuando surge el Condado de Castilla, el cauce fluvial del *Pisoraca*[1] adquirirá relevancia como frontera occidental de su dominio. Esta campiña fue inicialmente repoblada por personas llegadas de ámbitos septentrionales de la península Ibérica y por mozárabes que huían de la presión que reportaba su condición religiosa en zonas más meridionales. La organización social del territorio se estructuró en torno a las *vil-las* o pequeños caseríos dedicados a la explotación agraria. Con el correr de los años, la campiña del Pisuerga vio parcialmente teñido su solar con los colores cambiantes del viñedo, alcanzando notoriedad como productora vitivinícola. Este producto compitió con un cultivo cerealista favorecido por la creación del Canal de Castilla en los siglos XVIII y XIX, que supuso una beneficiosa vía de comunicación para este codiciado recurso alimenticio. No obstante, la pugna entre áreas vitivinícolas y cerealista se saldó con el triunfo de las primeras, si consideramos el mayor auge que alcanzaron las poblaciones que apostaron por el cultivo de la vid. Fue esta, asimismo, tierra de señores que manifestaron y protegieron su dominio con diversos castillos, muchos de ellos -como los de Cabezón, Mucientes o San Martín de Valvení- desaparecidos con el paso de los siglos.

Acotado al norte por las parameras del Cerrato y al sur por las vegas del Duero, el Valle del Esgueva discurre siguiendo la diagonal que dibuja el tránsito del río del que toma nombre, vertebrando una estrecha faja de territorio con orientación NE-SO que agrupa en armónica convivencia páramos calcáreos y valles aluviales. De esta comarca se ha destacado su indiscutida *castellanidad*[2], ya que el río Esgueva precedió al más caudaloso Duero y relevó al más septentrional Arlanzón en su condición de límite del Condado de Castilla, en su avance territorial durante la Reconquista. La vocación agrícola de la comarca puede explicar la supresión de aquellas manchas forestales de encinas u olmos de las que tomaron su nombre diversas poblaciones del interior del valle. Han persistido, aferradas a las laderas y páramos, manchas de

Páramos del Valle de Esgueva, en el entorno de Villarmentero de Esgueva.

roble y, en menor medida, enebro que antaño fueron aprovechadas, como los pastos, en régimen comunal. Este longilíneo y estrecho valle estuvo fuertemente protegido, de modo que los jalones que marcaban la línea defensiva apenas distaban entre sí unos pocos kilómetros. De aquella cerrada línea de fortificación han perdurado algunos topónimos –con raíz *castro*–, restos desgajados de antiguas fortificaciones y dos admirables castillos que atestiguan la firmeza del señorío ejercida por figuras como los señores de Villafuerte y Canillas o el conde de Encinas.

SIMANCAS

Castillo de Simancas, cuyas obras de construcción comenzaron en 1465.

La población de Simancas data de tiempos remotos. Los tratados de Historia asocian su nombre al de la celtíbera *Senteica* y, posteriormente, de la romana *Septimancas*. Aparece denominada *Sepmanicas* en textos árabes, en los que podemos leer un pasaje dedicado a la batalla librada aquí en el año 939 entre el ejército musulmán liderado por Abderramán III y las tropas de su antagonista cristiano, el rey leonés Ramiro II: «*Bajaba el inmenso gentío de los cristianos, muy apiñado en sus escuadrones, y con enemigo ánimo se acometieron ambas huestes y se trabaron en atroz matanza*».

APUNTE HISTÓRICO

Simancas ocupó un lugar de gran valor estratégico, junto a la confluencia de ríos que marcaron fronteras históricas. Fue objeto de deseo de reyes cristianos y caudillos musulmanes y sufrió, durante los primeros siglos de la Reconquista, un casi permanente vaivén de adscripciones a uno u otro bando. Algunas fuentes señalan que fue conquistada por Alfonso I en el año 753 y recuperada después por el colono islámico. En el último cuarto del s. IX pasó a manos cristianas bajo el cetro del rey Alfonso III de Asturias, quien la repobló e impulsó un paulatino progreso. Al tiempo de esta nueva conquista, a tenor de lo que indican las crónicas históricas, existía en Simancas una antigua fortaleza árabe erigida con endebles componentes de madera y argamasa. Otras fuentes señalan que fue residencia real provisional en tiempos del monarca leonés Alfonso IV. Particularmente cruenta fue la citada Batalla de Simancas que en 939 enfrentó al ejército leonés de Ramiro II –auxiliado por aliados castellanos y

navarros– con la poderosa milicia califal, que resultó derrotada tras cuatro días de encarnizado combate, a pesar de lo nutrido de su contingente. En el año 954 el ejército árabe retoma Simancas de forma provisional, pero la villa vuelve a manos cristianas poco tiempo después. Más tarde, fue objeto de sucesivos asaltos devastadores en los años 963 –por orden de Alaken II– y 984 –en campaña dirigida por Almanzor–.

La estabilidad definitiva no llegaría hasta el año 1085, cuando la conquista de Toledo por Alfonso VI desplazó la frontera entre los bandos enfrentados hasta el río Tajo. Con

Cúpula de la capilla del castillo, obra creada a instancias del tercer almirante de Castilla, Alonso Enríquez, hacia 1473.

este éxito militar de los cristianos, Simancas perdió su importancia estratégica en las lides de la Reconquista.

El origen del actual castillo aparece vinculado a la lucha sucesoria por la corona de Castilla que tuvo lugar en el último cuarto del s. XV. La villa de Valladolid se había decantado partidaria de los intereses defendidos por Enrique IV, que en 1465 encargó al merino mayor don Pedro Niño construir una fortificación en la villa de Simancas. Sin embargo, Fadrique Enríquez, partidario de Isabel *la Católica*, frustra este propósito al tomar la plaza. Ante la previsible reacción de sus oponentes, el almirante castellano redobla esfuerzos por agilizar la construcción del emplazamiento fortificado proyectado por sus adversarios, iniciándose las obras en el

mismo año de 1465. En este punto existe discordancia en las fuentes, pues mientras unas señalan que la obra se realizó *ex novo* desde sus cimientos, otras proponen que se alzó sobre la base de una fortaleza precedente, a la que se incorpora el cuerpo central, las torres y una barbacana con puerta única de acceso.

Durante algo más de una década el castillo estuvo regido por la influyente familia Enríquez. Hacia 1473, el tercer almirante de Castilla, Alonso Enríquez, y su esposa María Velasco ordenaron la construcción de su celebrada capilla, techada con espléndida bóveda de crucería policromada. En 1480 los Reyes Católicos adquieren el castillo para formar con el de La Mota y el de Arévalo un inexpugnable triángulo defensivo en

Sala de Carlos V, monarca que en 1543 ordenó situar el archivo de la Corona en una de las torres del castillo de Simancas.

Detalle de la sala de Felipe II, quien promovió una reforma en el castillo para ampliar a toda la fortaleza su cometido archivístico.

pleno corazón de Castilla. En 1510, siendo alcaide por designación real Hernando de la Vega -señor de Grajal, quien delegó en el teniente de alcaide don Mendo Noguerol-, se excava un foso protector y se reforman las barreras defensivas. En estos años se encarga al arquitecto Lorenzo Doncel (o de Adonce) el fortalecimiento del alambor y la cubierta con una celebrada bóveda casamata de uno de los torreones, con objeto de prevenir posibles ataques artilleros desde un cerro cercano.

El castillo de Simancas jugará un papel importante durante la revuelta comunera en 1521 -año en el que se abre una puerta alternativa de acceso-. La plaza se mantuvo fiel a la realeza y apoyó los ataques a las hues-

tes comuneras, sirviendo el castillo como presidio de uno de los capitanes de la insurrección, Pedro Maldonado, quien fue liberado del ajusticiamiento por presiones del conde de Benavente[1]. También sufrió presidio[2] en este castillo el obispo de Zamora, Antonio de Acuña, al que Carlos I exceptuó del perdón general otorgado en 1522 a los comuneros en virtud de su condición de «capitán general de la Junta». Más de tres años duró el encarcelamiento de Acuña en Simancas, hasta que fue condenado a muerte mediante garrote tras haber acabado con la vida del teniente de alcaide don Mendo Noguerol y haber intentado huir[3].

En 1543, el emperador Carlos I ordena instalar en una de las torres del

Vista panorámica de Simancas
| AITOR GUTIÉRREZ COSGAYA.

Puerta noroeste del castillo.

castillo el archivo de la Corona, para custodiar allí los importantes documentos que acreditaban la legitimidad de su mandato. Su hijo Felipe II determina que toda la fortaleza sea destinada a tal fin y dota al archivo de un reglamento –en 1547, antes de su acceso al trono, había ordenado a la Real Chancillería de Valladolid, su ciudad natal, el envío a Simancas de la documentación considerada trascendente–. Con objeto de mejorar su funcionalidad y siendo ya monarca, Felipe II encarga en 1572 al arquitecto Francisco de Salamanca un proyecto de ampliación del Archivo. Su propuesta fue revisada por Juan de Herrera y Gaspar de Vega, y en su ejecución participaron Juan de Salamanca y el propio Herrera. Para llevar a cabo esta obra se eliminaron algunas bóvedas y fragmentos de muralla, se reorganizó el patio y se erigió un edificio.

En 1558 aparece documentada la intervención de Francisco de Mora, quien dirige la construcción del patio, escalera principal y portada de acceso[4]. A lo largo del s. XVII, Pedro Mazueco y Diego de Praves, integrantes de la denominada Escuela Clasicista Vallisoletana, se harán cargo de la conclusión de las obras.

RASGOS ARQUITECTÓNICOS

El castillo que ahora contemplamos, en el que contrasta vivamente la albina coloración de la sillería de sus muros[5] con el oscuro tejado de pizarra, dibuja una planta que integra dos recintos concéntricos.

La cerca exterior se guarece tras amplio foso y se protege con barrera artillera con perfil pentagonal, en la que se inserta una nutrida sucesión de cubos, siendo más gruesos y robustos los situados en los ángulos. La base de esta cerca se derrama en alambor y aparece protegida mediante refuerzos angulados practicados en los cubos mayores. La puerta principal, hoy servida por puente estable, se abre en el tramo suroeste; otra puerta, también accesible mediante puente de obra, se localiza en el paño que mira al noroeste. Hubo además una tercera puerta, hoy inhabilitada. Las dos que se han conservado portan, sobre el arco semicircular de su vano, los escudos de Carlos II y Felipe V.

En el conjunto interior destaca la presencia de tres torreones angulares, cada uno con características específicas, y un cuarto de menor entidad que se eleva en el tramo medio de la fachada suroeste. Tres de estas torres cuentan con nombre propio: del Obispo –en recuerdo de la ejecución del capitán comunero Antonio de Acuña–, del Patronato Real y Cubo de Aragón. El cuarto torreón se cubre con la ya mencionada bóveda casamata diseñada por Lorenzo Doncel.

Las estancias del recinto interior se organizan en torno a un patio central, que cuenta con una panda porticada. Especial nombradía ha alcanzado, por su indiscutida belleza, la capilla cubierta con bóveda policromada de crucería estrellada, en la que se muestran los escudos de los linajes que ordenaron su edificación: Enríquez y Velasco. También son extraordinarias las salas de Carlos V, de Felipe II –donde se custodian los documentos de mayor valor, en un ambiente reverencial que hace sentir con particular

FOTO AITOR GUTIÉRREZ COSGAYA.

SIMANCAS

El castillo, de propiedad estatal, alberga en la actualidad, un Archivo General de España con valiosos fondos documentales.

intensidad el peso de la Historia- y de Juan de Herrera -cuya sobriedad de líneas no menoscaba su patente elegancia-.

ESTADO DE CONSERVACIÓN

El castillo, de propiedad estatal, se halla en la actualidad en perfecto estado de conservación. Alberga un Archivo General de España que reúne valiosísimos fondos documentales, entre los que destacan los correspondientes al período comprendido entre los siglos XVI a XVIII. El Archivo de Simancas se ha convertido en foco de investigación histórica de máxima relevancia, como lo acredita su designación por la UNESCO como Patrimonio de la Humanidad de la UNESCO en la categoría Memoria del Mundo.

VISITA Y ACTIVIDADES

El castillo está abierto al público. Se realizan visitas guiadas de tres categorías: general, educativa y profesional, previa petición que debe formalizarse a través de los formularios que el AGS (Archivo General de Simancas) facilita en su página web[6]. Dichos formularios deben ser enviados con al menos 15 días naturales de antelación a la fecha de la visita a la dirección postal del castillo[7] o a través del correo electrónico[8]. El horario habilitado para las visitas guiadas abarca de lunes a viernes entre las 9 y las 13 horas –una sola visita al día–. Puede ampliarse información sobre otro tipo de visitas o resolver dudas contactando por teléfono con el AGS[9].

Torre del Archivo. Abajo, sala Juan de Herrera.

FUENSALDAÑA

Castillo de Fuensaldaña, fortaleza del siglo XV | AITOR GUTIÉRREZ COSGAYA.

La fortaleza de Fuensaldaña, *«serena centinela de los trigales»* en palabras de Edward Cooper, se presenta como paradigma de los *castillos de llanura* y exponente significado de la denominada Escuela de Valladolid. Aúna sobriedad y elegancia para componer un verdadero himno a la armonía arquitectónica.

APUNTE HISTÓRICO

Antes de la edificación del castillo, Fuensaldaña pertenecía a la Merindad del Infantazgo de Valladolid y el dominio de su territorio se hallaba diluido en múltiples titularidades. Mediado el s. XV, don Alfonso Pérez de Vivero, contador mayor de Juan II de Castilla, reunió para su patrimonio el conjunto de dominios que configuraban la plaza[1] y decidió construir una residencia señorial, iniciando las obras de una torre del homenaje que habría de constituirse en espacio central de un futuro castillo. A comienzos de la segunda mitad del s. XV encomendó la edificación a un cantero llamado Mohamed, quien, según indican las fuentes, dirigió a un equipo compuesto por esclavos musulmanes[2].

Cuando en 1453 es asesinado Alfonso Pérez de Vivero[3] la torre y la fortaleza se hallaban inconclusas, encargándose de finalizar las obras su hijo Juan de Vivero y Guzmán[4]. Sobre la puerta de ingreso al recinto hay un blasón con la reseña heráldica de las familias Vivero y Guzmán[5].

Alfonso de Vivero, sucesor de su padre Juan como propietario del castillo, fue acusado del asesinato de su esposa Elvira de Quiñones y se le confiscaron sus propiedades, si bien recuperó la titularidad en 1490. Un suceso de similares características,

una acusación al heredero Juan de Vivero del asesinato de su esposa Mencía Sarmiento provocó que, de nuevo, la fortaleza fuese confiscada.

Las tropas comuneras ocuparon el castillo sin resistencia durante la Guerra de las Comunidades. Anotan las fuentes historiográficas una resolución de la Comunidad de Valladolid que ordenaba su derribo, que por fortuna no se llevó a efecto.

Repuesta del sobresalto, la fortaleza registró un devenir de cierta indolencia, hasta que en tiempos recientes la Diputación de Valladolid decidió intervenir para su adecuación como Parador Nacional. Más tar-

Antiguo hemiciclo de las Cortes de Castilla y León, en una de las estancias de la torre del homenaje.

FUENSALDAÑA

Torrecilla de la corona de la torre del homenaje.

de sería cedido a las Cortes de Castilla y León, que instalaron su hemiciclo en una de las estancias de la torre del homenaje. Nunca una institución democrática ocupó un edificio tan solemne y cargado de historia. Cuando las Cortes autonómicas acordaron el traslado de su sede, el castillo recuperó cierto sosiego y mudó su destino, acogiendo un interesante Centro de Interpretación de los Castillos.

RASGOS ARQUITECTÓNICOS

Se ha destacado su condición de prototipo de los denominados *castillos de llanura*, pues fue concebido con un carácter esencialmente residencial y nunca tuvo una destacada guarnición militar. Además, ha sido incluido entre los castillos de la Escuela de Valladolid, tendencia arquitectónica que arranca de los planteamientos introducidos por Enrique IV en el castillo de Portillo, que hicieron fortuna en el s. XV entre personajes de la nobleza. Estos castillos se caracterizan por su diseño de planta cuadrada y la edificación de una contundente torre del homenaje, cuya altura es similar a la longitud del lado del recinto y al doble de la altura del muro. La aparición de las armas artilleras dejó a estos edificios sin eficacia defensiva, pasando a ser su función netamente residencial.

En su sobria base posee cuatro cubos angulares. Sobre ellos se eleva una magnífica torre del homenaje[6] de 34 metros de altura[7], ornamentada con estilizadas torres cilíndricas angulares que arrancan de la base y dos torrecillas que se insertan en el centro de los paños de los lados mayores del rectángulo. Un puente levadizo permitía el acceso a esta torre, que estructura su interior en cuatro alturas -tres plantas y un subterráneo[8]- comunicadas por escalera de caracol. Los pisos residenciales se cubren con robustas bóvedas de sillería y abren ventanas protegidas con rejas. Toda la corona superior muestra una solución amatacanada, sustentada sobre un sistema de cuatro ménsulas y rematada con almenas -añadido posterior- que en su parte superior llevan pirámides con esferas; idéntico remate muestran las torrecillas, que se apoyan sobre tres ménsulas. También se adoptó esta solución almenada para el perímetro de los muros que cierran el patio interior y sus cubos angulares. En todas las fachadas y en las propias almenas se abrieron aspilleras[9]. El acceso al interior de la plaza de armas se verificaba por una puerta incrustada entre uno de los cubos y el edificio central, con arco agudo sobre el que se instaló el escudo de los Vivero.

El conjunto adquiere notable sensación de uniformidad a base de homogeneizar la altura de la torre del homenaje -45 varas castellanas- con la longitud del lado del cuadrado que dibuja sobre el plano el recinto anexo -que nunca llegó a alcanzar la altura proyectada equivalente a la mitad de la del torreón-. La adecuación de la estructura interior para su uso como establecimiento hostelero deformó la planificación original, que dibujaba un semicírculo prolongado en torno al patio.

La sobresaliente planificación del edificio y su impecable resolución han movido a pensar en la intervención del destacado arquitecto Gómez Díaz de Isla, quien intervino como maestro mayor en la construcción de la catedral de Palencia.

ESTADO DE CONSERVACIÓN

Su estampa debía presentar cierto aire decadente cuando fue visitado por José Zorrilla. Aquella imagen inspiró al poeta romántico vallisoletano

Vista del castillo desde el suroreste.

FUENSALDAÑA

VISITA Y ACTIVIDADES

Tras el abandono de las Cortes autonómicas se instaló en la torre del homenaje un Centro de Interpretación de los Castillos que proporciona información sobre las fortificaciones –más de cuarenta, señala su documentación– que se diseminan por todos los rincones de la provincia de Valladolid. Una amplia colección de maquetas y recreaciones figuradas de escenas históricas ilustran diferentes aspectos de la vida exterior e interior de nuestros castillos. Los fondos del Centro se distribuyen en tres plantas. En planta baja se proporciona información sobre el origen y otros aspectos históricos de los castillos. La planta primera se dedica a divulgar las características de la denominada Escuela de Valladolid, mientras en el segundo nivel se recrean particularidades relativas a las dependencias del edificio. Pueden, asimismo, disfrutarse exposiciones temporales[11] y entrar en contacto con el hemiciclo que acogió las Cortes autonómicas. Todo ello aderezado con la proyección de los audiovisuales titulados *El linaje de los Vivero* y *Castillos de Valladolid*.

Se han habilitado horarios de invierno y verano para la visita del interior de la torre del homenaje y su Centro de Interpretación[12], sujeta a tarifa con diferentes modalidades[13]. También se realizan visitas guiadas, que pueden reservarse en el modo que se indica en nota al final del libro[14].

Recreación de escenas históricas y maquetas de castillos de Valladolid.

la creación de endecasílabos cargados de admiración y nostalgia:

De la pompa feudal resto desnudo
Sin tapices, sin armas, sin alfombra,
Hoy no cobija su recinto mudo
Más que silencio, soledad y sombra.
...
Allí sobre nosotros se elevaban
robustas torres, góticas almenas
que la furia del viento rechazaban
sobre el cimiento colosal serenas.

Ortega Rubio encontró la fortaleza «... *en regular estado, si bien se manifiesta algún deterioro en su parte superior*». Y añade que «*El Sr. Marqués de Alcañices la tenía destinada á encerrar el trigo que los vecinos de la villa le pagaban por razón del foro*»[10]. Una concienzuda reconstrucción para su adecuación como Parador Nacional y la posterior instalación en su interior de instituciones públicas posibilitaron el perfecto estado que muestra el edificio. Pertenece a la Diputación de Valladolid, quien lo cedió de forma provisional para su utilización como sede de las Cortes de Castilla y León, hasta que estas mudaron su sede al centro de la capital.

TRIGUEROS DEL VALLE

Castillo de Trigueros del Valle, popularmente conocido como La Fortaleza.

La villa de Trigueros del Valle, que cuenta con interesante portada mozárabe en su ermita del Castillo, extramuros de la villa, y con hermosos restos románicos en su iglesia de San Miguel, aparece dominada por la silueta de su sobria fortaleza. La historia señala que este territorio fue adquirido por el conde Pedro Ansúrez -refundador e impulsor de la definitiva repoblación de Valladolid- en el último tramo del siglo XI.

APUNTE HISTÓRICO

Sobre el vano de acceso al recinto hallaremos los escudos de las familias Robles -*Robres* reza en el blasón- y Guevara, junto a una reseña de la fecha de 1453 que algunos estudiosos han asociado a la construcción del castillo, presuntamente impulsado en tal fecha por Gutierre de Robles y su esposa María de Guevara. Sin embargo, la planta y la disposición de sus elementos invitan a pensar en una fecha de edificación anterior. Se señala a Pedro Núñez de Guzmán como posible responsable de la reconstrucción, entre 1396 y 1404, de una fortaleza pretérita que habría resultado devastada por un contingente militar palentino. A su fallecimiento dejó sus bienes a sus hijos, quienes hacia 1421 vendieron la casa fuerte de Trigueros a Diego Gómez de Sandoval, que en realidad intervino como testaferro de Fernán Alfonso de Robles, quien la adquirió de manera casi inmediata. Este último fue encarcelado por orden de Juan II al rebelarse contra el valido don Álvaro de Luna. Su hijo Juan ingresó en la orden benedictina, cediendo a su hermano menor Gutierre de Robles sus derechos sobre la fortaleza. La reseña de 1453 que aparece en la parte superior del escudo incrustado sobre la puerta de acceso parece corresponder a una mera reforma emprendida por Gutierre de Robles y su esposa en dicha fecha. Al fallecimiento de Gutierre, en 1479, su esposa recibe el castillo como le-

Escudo de las familias Robles y Guevara.

gado, pero su hijo Ferrán Alfonso de Robles rechaza la disposición testamentaria y, sirviéndose de un ardid, se atrinchera en el castillo. Al fin, madre e hijo convendrán que este último quede como legítimo propietario del mismo.

La ermita de Nuestra Señora del Castillo domina desde la altura el casco urbano.

TRIGUEROS DEL VALLE

Con motivo de la revuelta comunera los vecinos de Trigueros asaltaron la fortaleza para vengar los abusos sufridos, ocasionando la destrucción de la muralla externa. Este dato permite situar la reconstrucción de sus cubos angulares con posterioridad a 1521, circunstancia avalada por la presencia de troneras destinadas al uso de piezas de artillería ligera.

RASGOS ARQUITECTÓNICOS

El emplazamiento del castillo, al pie de una colina aledaña, invita a pensar en una finalidad residencial, pues de haberse destinado a la estrategia militar sin duda se habría instalado en un lugar más elevado y con me-

jores condiciones defensivas. Debe repararse, sin embargo, en que su edificación se inicia en años de lucha *con arma blanca*, de modo que las carencias estratégicas de la fortaleza resultaban entonces de menor importancia. La irrupción de la artillería destapó el inconveniente que suponía que el edificio se viese dominado por alcores cercanos. En todo caso, su adecuación para la defensa con armas de fuego se hace patente a través de las troneras de buzón o bola que se practicaron en los torreones y paños de la cerca exterior.

La estructura actual del conjunto permite discernir dos fases de construcción bien diferenciadas. En un

Vista sur del castillo.

primer momento se erigió el recinto interno, levantado con mampostería homogénea. Muestra planta rectangular e inserta tres torres angulares cuadradas, más otra rectangular, robusta y de mayor base, en el sureste;

una quinta, a poniente, protegía la entrada, provista de tronera accesible desde el adarve. Completa el dibujo la base cuadrada de la torre del homenaje, encastrada en el muro septentrional del recinto interior. El acceso se realizaba a través de una puerta cuyo perfil superior dibuja un arco de medio punto.

Se han conservado algunas estancias internas en el patio de armas, como un aljibe y espléndidas caballerizas cubiertas con bóveda de cañón, alguna con notable irregularidad o con arco muy rebajado.

Panorámica de Trigueros y su castillo | AITOR GUTIÉRREZ COSGAYA.

Con el nombre de El Castillo Encantado, la fortaleza de Trigueros es hoy un exitoso reclamo turístico gracias a la original iniciativa del escultor Juan Villa.

La torre del homenaje distribuía su espacio en varias estancias ordenadas en altura.

La obra se completó con la construcción de una muralla protectora externa, reforzada en los ángulos con cubos que llevan en el remate ornamento de doble bocel. Algunas partes de los paños del recinto interior han mantenido el remate almenado.

ESTADO DE CONSERVACIÓN

Tanto el recinto interior como el exterior sufrieron importantes menoscabos. «*De lejos, por lo visto, le viene pues el maltrato al castillo de Trigueros del Valle*» señalaba el conde de Gamazo, comentando las consecuencias del asalto sufrido por villa y castillo por la tropa del obispo de Zamora, Acuña *el Indómito*, durante la Guerra de las Comunidades. Se han realizado obras de consolidación en la fortaleza, que en la actualidad es de propiedad municipal. El proyecto ejecutado contemplaba un uso cultural y turístico acorde con su naturaleza monumental.

VISITA Y ACTIVIDADES

La fortaleza –pues así era conocida en la localidad, que reservaba el nombre de *castillo* para el enclave en el que se alza sobre la villa la ermita mozárabe– se ha convertido en *El Castillo Encantado*. Esta nueva mención deriva de la exposición permanente que se ha instalado en su interior. El escultor Juan Villa ha dispuesto en ella una imaginativa integración de animales fabulosos –dragones, unicornios, sirenas y una tan amplia como sorprendente colección de bestias figuradas, llamadas a excitar las emociones del visitante infantil–, representaciones artísticas de culturas muy diversas, secretos pasadizos y extraños laboratorios dedicados a las experiencias más insospechadas.

Se han diferenciado áreas temáticas con las sonoras denominaciones de *La Mazmorra del Dragón* –con diversas figuraciones relativas a tan fabuloso animal–, *El Salón de la Cryptozoología* –en el que habitan, en singular convivencia, duendes, hadas y una sirena preocupada por el terrible daño que está ocasionando el masivo arrojo de plásticos a su medio marino, cada día más irrespirable–, *El*

Laboratorio –adaptado para investigaciones fantasiosas que dan vida a extraños engendros, que cobran vida ante los atónitos ojos del visitante–, *El Gabinete de las Curiosidades* –donde culturas muy distantes en el tiempo y el espacio ponen en común sus vivencias y colecciones– o *La Torre Encantada*, que invita a conocer pasajes de la vida de los Robres y Guevara y acoge el misterio de la biblioteca encantada, con un pasadizo que permite continuar la visita en altura a la torre del homenaje y el acceso a las espléndidas panorámicas que se disfrutan desde el adarve.

Para visitar las estancias interiores y esta exposición, así como para pasear por el adarve y asomarse a las panorámicas que se extienden al pie de *La Fortaleza*, se han habilitado horarios diferenciados de verano e invierno, que deben ser consultados a través de los medios de información y contacto que se detallan en nota al pie al final de la edición[1].

Aspecto actual de la estancias abovedadas de las antiguas caballerizas y segunda planta de la torre del homenaje.

VILLAFUERTE

Un cambio radical en la concepción conservacionista de nuestro patrimonio nos ha traído noticias tan alentadoras como la de la rehabilitación del castillo de Villafuerte de Esgueva, debida al loable empeño de la sección vallisoletana de la Asociación Española de Amigos de los Castillos[1]. Ahora, una vez superada la encarnizada rapiña que sufrió, podemos disfrutar de un edificio remozado, con estancias dotadas de un aire museístico, y encaramarnos a sus altos oteaderos, que regalan a la vista la adusta belleza del Valle de Esgueva.

APUNTE HISTÓRICO

Las primeras citas documentadas sobre Vellosillo[2], denominación tradicional del lugar, se remontan a la última década del siglo XII. La titularidad del señorío correspondía a varios propietarios –hacia 1214 la Orden de Calatrava figuraba como titular de un porcentaje muy importante de la villa–. El hilo de las posteriores transmisiones nos conduce hasta el personaje que decidió edificar el castillo. Diego González de Toledo inició un proceso para unificar las diferentes fracciones en que se dividía el señorío, esfuerzo que completó su hijo Garci Franco de

Toledo[3] al fallecimiento de su padre, acaecido en 1462. Henchido de *ansias de nobleza*, Garci Franco se intitula como señor de Vellosillo y decide, en el último tercio del siglo XV, construir un castillo en la población, que, a partir de entonces, pasará a denominarse Villafuerte, no sin encendida polémica. Los tratadistas destacan su condición de plebeyo con ínfulas nobiliarias y su deseo de aprovechar la fortuna de su estirpe para escalar posiciones en la jerarquía aristocrática. Otros eruditos señalan que tal personaje perseguía dos finalidades al edificar el inmueble[4]. De un lado,

aparentar un elevado nivel social al instalar su vivienda en tan egregio edificio, y, por otra parte, procurarse defensa dada su condición de judío converso (su hermano Antonio fue asesinado en las revueltas antijudías acaecidas en Toledo en la segunda mitad del siglo XV). Al fallecimiento de Garci Franco de Toledo en 1486, su esposa María de Saravia transmite al hijo de ambos, Antonio Franco, un lote de propiedades que incluye

Panorámica de Villafuerte de Esgueva, localidad antiguamente denominada Vellosillo | AITOR GUTIÉRREZ COSGAYA.

VILLAFUERTE DE ESGUEVA

Estado del castillo a comienzos del siglo XX (imagen cortesía de don Javier Bernad) y aspecto que muestra en la actualidad.

el castillo. El edificio pasó, por vía de herencia, a Gonzalo Franco, quien vio como en 1515 sus bienes eran confiscados, si bien la monarquía consistió, una vez cumplida su pena de prisión, que residiese en una estancia anexa al castillo. No obstante, Gonzalo Franco acabaría consolidando el señorío de Villafuerte e instaló su escudo y el del linaje Saravia en la torre del homenaje[5].

Las dependencias palaciales interiores edificadas al tiempo de la construcción del castillo resultaron arruinadas y sustituidas por otras, que fueron ocupadas como habitación hasta inicios del siglo XX. La adquisición del conjunto por la Asociación de Amigos de los Castillos puso fin a su deterioro y supuso el arranque de una nueva y floreciente etapa.

RASGOS ARQUITECTÓNICOS

El recinto interior[6] se protegía con barrera provista de tres cubos angulares[7], de planta rectangular –ampliada en torno a la torre del homenaje–. En el cuerpo central del complejo destaca una gran torre del homenaje, incrustada en el ángulo nororiental del recinto interno, con forma prismática y base cuadrada con 25 metros de lado. En los cantones restantes se elevan tres cubos cilíndricos[8] rematados con almenas sobre matacán, muy bien armado todo ello. Perdió buena parte del almenado, también sustentado sobre ménsulas múltiples, que coronaba el perímetro superior. En origen, el recinto interior albergaba estancias residenciales adosadas a dos muros y elevadas sobre una galería porticada que se soportaba con una columnata engarzada con arcos[9]. Nada queda de aquella obra palacial.

Particularmente interesante resulta el interior de la torre del homenaje, dividida en cinco pisos, dos de los cuales se rematan con bóveda de sillería de impecable factura –se empleó madera para la cobertura de las restantes[10]–. Tales alturas se comunican mediante escalera de caracol incrustada en el muro, dotación que sobresale ligeramente al exterior, en forma de discreto cubo. Se han conservado las chimeneas de las estancias, que han sido adecuadas para instalar una capilla y distintas recreaciones habitacionales que evocan épocas donde el edificio tuvo una floreciente *vida interior*. A esta torre se accedía desde el patio de armas, mediante otra escalera de caracol y pasarela móvil que conectaba con una puerta situada a la nada despreciable altura de siete metros.

Al recinto interno se ingresaba a través de dos puertas con vano de medio punto, con disposición no alineada, que obligaba a transitar en zigzag, lo que dificultaba el asedio de eventuales asaltantes. Este patio, como antes se ha señalado, tuvo una galería porticada de dos alturas, hoy desaparecida. Se ha conservado, por el contrario, una caballeriza que ocupaba un subterráneo practicado en el costado de poniente, estancia que ha sido adecuada para la exposición de motivos relacionados con el castillo y la época en la que alcanzó mayor esplendor. Un pozo cavado en el interior del patio suministraba agua al castillo.

Los restos arruinados de una muralla externa indican que gozó de protección perimetral mediante barbacana.

ESTADO DE CONSERVACIÓN

El castillo pertenece a la Asociación Española de Amigos de los Castillos[11], quien impulsó obras de reconstrucción y acondicionamiento

Desde 1983, el castillo de Villafuerte pertenece a la Asociación Española de Amigos de los Castillos.

Tras décadas de incuria y rapiña, los trabajos desarrollados desde los años ochenta han permitido la recuperación del castillo | AITOR GUTIÉRREZ COSGAYA.

interior para visitas e instalación de un museo. Esta iniciativa frenó el penoso proceso de expolio de materiales que la fortaleza venía padeciendo. A pesar del doloroso déficit de algunos tramos del remate y de la pérdida de la estructura palacial del interior del patio de armas, el castillo luce una esplendorosa estampa que invita a mirar con optimismo su futu-

Antiguas caballerizas.

ro. En la segunda mitad del siglo XIX las estancias residenciales existentes fueron ocupadas en periodo veraniego por sus propietarias, doña Jacoba Álvarez de las Asturias Bohorques y su hermana doña María del Carmen, hasta que, por el deterioro que presentaban, decidieron derribarlas y construir pequeñas viviendas en el patio interior. A comienzos del siglo XX las titulares dejaron de acudir al castillo, que comenzó a ser ocupado por temporeros y pasó a ser pasto de la incuria y la rapiña, causa de un progresivo y exponencial deterioro. Se arruinaron las viviendas, se cegó el pozo, desapareció la escalera de caracol que daba acceso a la torre del homenaje, se derribaron murallas, adarves y cubos...[12]. A todo ello se añadió la edificación de algunas construcciones que *acosan* al egregio edificio y afean su *puesta en escena*. Una de

VILLAFUERTE DE ESGUEVA

las fachadas del castillo fue habilitada como frontón, aplicándose a la misma un revestimiento que menoscababa su belleza. El relato completo de infortunios resultaría prolijo. La recuperación de su dignidad arquitectónica ha requerido decenios de denodados trabajos, iniciados hacia 1980.

VISITA Y ACTIVIDADES

El castillo cuenta con diversas estancias, tanto en la torre del homenaje como en la caballeriza del patio de armas, dedicadas a la exhibición de objetos relativos a su historia. Pueden visitarse con sujeción a horario diferenciado, que debe ser consultado antes de la visita[13].

Además, la Asociación de Amigos de los Castillos, actual titular, ha suscrito un acuerdo de colaboración con la Asociación Histórica Villafuerte, cuyo objeto es realizar actividades culturales y de ocio en el marco del castillo. Sirve esta fortaleza, en definitiva, como marco para el desarrollo de veladas musicales, algazaras medievales, recreaciones históricas y otras actividades de naturaleza social y cultural.

Dependencias de la primera, segunda y tercera planta de la torre del homenaje.

ENCINAS DE ESGUEVA

Vista desde el sur del castillo de Encinas de Esgueva | CORTESÍA DE ISRAEL BUSTAMANTE MARTÍN.

La villa de Encinas pertenecía, así lo indica el Becerro, a la Merindad del Cerrato. Durante el s. XIV aparecen como señores de la plaza Alfonso Diez, Ruy Gutiérrez, Sancho Díaz y sucesores de Gonzalo Gutiérrez[1]. La edificación de su castillo vendría a reforzar la línea de fortificaciones que defendía el valle de Esgueva. Ha sido catalogado dentro de la categoría de «castillos-palacio mudéjares», que responde a un tipo caracterizado por la planta rectangular y la existencia de un patio interior que proliferó en el s. XIV[2]. Su emplazamiento en un declive del terreno mueve a pensar en una función residencial.

APUNTE HISTÓRICO

Su construcción data de los últimos años del siglo XIV y se relaciona con la adquisición de la villa, en 1382, por Diego López de Zúniga -o Estúñiga-. Este personaje, que ostentó los señoríos de Béjar y Curiel y el título de justicia mayor del rey, impulsó su edificación.

En este castillo aparece documentada la estancia de Enrique III, monarca al que los anales de Historia asignaron el sobrenombre de *el Doliente* por su precaria salud. Entre finales del s. XIV y comienzos del XV intentó combatir los efectos de su enfermedad durante los tres años que se prolongó su residencia en el castillo.

En 1571 el castillo pasa a manos del regidor de Segovia Antonio del Río Aguilar, quien adquiere la villa de Encinas del duque de Béjar. Remodela el palacio abriendo ventanales –hoy se aprecia claramente el remiendo arquitectónico empleado para su cerramiento–, construyendo un patio de tipología renacentista

e incrustando el escudo de su linaje en los encuentros de los muros orientados al sur y a poniente. Durante varios siglos la familia Aguilar mantuvo la propiedad de la fortaleza y realizó en ella importantes obras de conservación y remodelación. Felipe V concede el título de conde de Encinas, a comienzos del s. XVIII, al miembro de este linaje Antonio de Aguilar y Zuazo. Aparecen documentadas obras en el patio central y acondicionamiento de galerías en 1737, unas labores que se encomendaron al cantero Francisco Pinedo[3]. En 1791 hubo otras obras en el palacio interior, efectuadas en

Fachada de naciente del castillo.

ENCINAS DE ESGUEVA

este caso por el vecino de la localidad Francisco Fernández Curiel.

A comienzos del s. XX el castillo fue enajenado por un descendiente del conde de Encinas, y las
dependencias interiores del palacio
fueron desmanteladas. En aquellos
años la titularidad correspondía a
un hijo del conde de Encinas llamado Vicente del Soto Armesto, quien
lo transmitió en 1915 a Cándido Moyano, que desmontó las ya deterioradas dependencias interiores. El
edificio continuó siendo utilizado
como vivienda de alquiler por diferentes vecinos de la villa.

RASGOS ARQUITECTÓNICOS

Como se ha señalado, responde al prototipo de los denominados «castillos-
palacio mudéjares», por lo que su planimetría muestra base rectangular con
tres falsas torres cuadradas angulares
-configuradas mediante elevación de
los muros del recinto- y una torre del
homenaje orientada a poniente.

Escudo del castillo. Abajo, vista desde poniente.

VISITA Y ACTIVIDADES

El interior del recinto ha perdido buena
parte de su estructura interna y no se
abre a visitas públicas regulares[5]. Fran-
quea sus puertas, sin embargo, para el desarrollo de algunas actividades culturales
y sociales[6].

La sobriedad de sus muros externos apenas consiente algunos alardes ornamentales, como las ventanas geminadas que iluminan la torre del homenaje o el matacán que se instaló, para su defensa, sobre el acceso al recinto. Su fábrica se nutrió de sillería de buena talla. Toda la corona del recinto interior se remata con almenas.

Nada queda del patio renacentista edificado en su interior. Algunas estancias interiores, organizadas en torno al espacio claustral, debieron cubrirse con artesonados mudéjares. También ha sido documentada la existencia en el recinto de un pozo de agua dulce para abastecimiento del edificio.

La protección del conjunto se confía a una barrera externa, coronada con almenas y con base derramada en forma de alambor, y a un singular foso amurallado exterior. El acceso al recinto interior se realizaba, a través de puente de piedra, por una puerta orientada al sureste, con vano ligeramente apuntado.

ESTADO DE CONSERVACIÓN

Fue adquirido a mediados del siglo XX por el SENPA, organismo dependiente del Ministerio de Agricultura, para destinarlo a silo de cereales. Dejó de prestar su función y pasó a manos de la Dirección General de Patrimonio Cultural de la Junta de Castilla y León, encargándose el Ayuntamiento de su gestión. El edificio -cuanto de él se preservó- está consolidado y en buen estado de conservación. Se ha lamentado el cierre de ventanas originales y el desmantelamiento de los restos del patio interior[4].

Cabezón de Pisuerga ocupa un espacio dotado de gran importancia estratégica desde tiempos remotos. Aquí se han descubierto restos de un poblado fortificado, posiblemente vacceo, y claros vestigios del paso del Imperio romano por el entorno. Alfonso III repobló y fortificó Cabezón a comienzos del s. X[1]. Cuando la Reconquista desplazó hasta estas tierras la frontera con el poder islámico, la plaza formaba, junto con Simancas y Tordesillas, una línea defensiva protegida con castillos. El edificado originalmente en Cabezón, sobre el cerro de Altamira, sería sustituido por otro más acorde a usos más *modernos*, hasta que resultó derruido el siglo XV -persistieron vestigios hasta mediados del s. XIX-. De este edificio partía una muralla que guardaba la villa.

Canillas de Esgueva aparece reseñada en las fuentes historiográficas con el avance territorial del Condado de Castilla. De un castillo edificado entre 1487 y 1510 han permanecido en pie unas estilizadas torrecillas cilíndricas que debieron ocupar los ángulos de un recinto fortificado hoy casi íntegramente perdido. Edward Cooper opina que «... *era probablemente del estilo del de Peñafiel, y de las dimensiones del de Villafuerte de Esgueva»*.

Restos del castillo de Canillas de Esgueva.

Castroverde de Cerrato se cita en documentos del año 1059. La villa apareció integrada en la Merindad de Cerrato en el Becerro de las Behetrías y fue capital de Concejo en el s. XVI. Debió amurallarse entre los siglos XI-XII. De aquella estructura fortificada únicamente han pervivido restos de un muro en el que se abre un vano con perfil de medio punto -conocido localmente como Arco de Santa Clara, pena su nostalgia en el Cotarro de la Villa-. Una intervención realizada en 2018 consolidó esos restos y facilitó el drenaje, devolviendo cierta esperanza de longevidad a tales vestigios.

Cigales contó con una muralla de la que no quedan sino vestigios meramente testimoniales. Debió edificarse antes del s. XIV con técnica de

tapial reforzada con mampostería en los vanos de acceso.

Mucientes mira de reojo al castillo-palacio que se alza en un cerro aledaño dominante. Aparece citado en documento de 1326 y fue residencia de los condes de Rivadavia. La villa acredita rica Historia y en ella se celebraron cortes. Mucientes y su castillo fueron conquistados por el ejército comunero. A mediados del s. XVIII se encontraba ya arruinado, como se desprende de la encuesta del Catastro de Ensenada, que ofrece datos sobre sus dimensiones –estimadas en 185 por 50 metros–. En el primer cuarto del s. XIX se convirtió en improvisada cantera para la extracción de piedras para diversos usos, circunstancia que aceleró su ruina. Sus ralos restos han sido adecuados como parque urbano.

Olivares de Duero debió nacer como exponente del prototipo de castro altomedieval fortificado de repoblación, que proliferó entre los s. X y XI para la defensa de las tierras *reconquistadas*. En 1228 se documenta una

Vestigios del castillo de Castroverde de Cerrato.

Ruinas del castillo de Mucientes.

compraventa del señorío de Olivares que incluía su castillo, suscrita por Lope López de Torquemada como vendedor y la abadía de Valladolid como adquirente. De aquel castillo y de la muralla que protegía a la villa no ha pervivido resto alguno.

Renedo de Esgueva contó con un castillo que formaba parte de la línea defensiva del Valle del Esgueva, del que no ha llegado vestigio alguno hasta nosotros más allá de ciertas referencias toponímicas.

San Martín de Valvení fue señorío de linajes renombrados: Zúñiga, Alburquerque, Guzmán, Portocarrero o Camarasa. Del castillo-palacio de los Zúñiga, edificado en el s. XIV en una ligera elevación de terreno aledaña al actual caserío, apenas se conservan las hiladas basales del recinto amurallado, construidas con mampostería, que se reforzaba con cubos angulares edificados con sillería irregular.

Torre de Esgueva tuvo, según algunas fuentes, un torreón del que la villa habría tomado su mutante nombre. Formó parte de la línea de defensa y comunicación del Valle del Esgueva junto a los castillos de Villafuerte, Castroverde, Canillas y

Aspecto actual del antiguo castillo de San Martín de Valvení.

Planta del antiguo alcazarejo de Valladolid.

Encinas. Ningún vestigio, aparte de la sugerencia toponímica, resta hoy de aquel edificio fortificado.

Valladolid estuvo protegida con muralla y defendida por un vetusto alcazarejo. La tradición local mantenía que con la llegada del conde Ansúrez -quien refundó[(2)] y repobló la plaza en la segunda mitad del s. XI- debió edificarse una primera cerca mural, construida con tapial, adobe y postes de madera, si bien esta reseña no goza de soporte documental y es analizada con *mucha precaución* por los historiadores más rigurosos. Sí restan algunos vestigios, por el contrario, de la muralla que debió edificarse entre el s. XII y comienzos del XIII. A esta obra responden los restos recreados en el entorno del antiguo alcazarejo y posterior Alcázar Real[(3)] -del que recientes excavaciones han sacado a la luz uno de los ocho cubos que debió tener en origen[(4)]- y en la calle Angustias, donde una placa explicativa advierte a los paseantes del significado de tan extraño componente arqueológico incrustado entre modernas edificaciones. La ciudad creció con celeridad y pronto se hizo patente la necesidad de una nueva y más amplia cerca, cuya construcción se inició a finales del s. XIII. Una tercera cerca se edificó, desbordada la anterior por la expansión urbana, a comienzos del s. XVII. Para entonces la población era cuantiosa y la ciudad se convertía en sede de la nobleza, surgiendo por doquier edificios notables. Diferentes puertas -Puente Mayor, Santa Clara,

Restos de la muralla del siglo XII de Valladolid, en la calle Angustias.

Tudela y Carmen- y portillos -Balboa, del Prado, de la Pólvora y de la Merced- vinieron a incorporarse a la muralla, que se vio espléndidamente engalanada. La puerta del capitalino Alcázar de María de Molina aparece, asimismo, catalogada entre los bienes de interés de la arquitectura fortificada por su excepcionalidad y su valor monumental de tipología mudéjar.

OTROS LUGARES DE INTERÉS

Amusquillo guarda en su parroquial de San Esteban un primoroso retablo platerescoco, con espléndida talla cargada de tanta ingenuidad como belleza y rica decoración *a candelieri*, según el gusto de los primeros años del Renacimiento en que se ensambló. Se atribuye la arquitectura a Pedro de Guadalupe, mientras la escultura no pone de acuerdo a los autores, si bien todos coinciden en citar como referencia al taller de Felipe Bigarny. Es datado en una fecha cercana a 1520.

Detalle del banco del retablo de la iglesia de San Esteban, en Amusquillo.

Arroyo de la Encomienda conserva una preciosa iglesia románica construida en el s. XII y actualmente dedicada a San Juan Evangelista. Está documentada su integración en el patrimonio de la Orden Sanjuanista. Destacan en ella una espléndida portada con arquivoltas de medio punto, el conjunto de canecillos figurados que soportan el vuelo de los aleros del cuerpo central y cabecera así como el tejaroz sobre portada, y un ábside semicircular en el que sendas columnas definen tres calles con sus respectivas ventanas de medio punto. Todo de exquisita factura.

Olivares de Duero atesora una obra de arte extraordinaria. El retablo de su iglesia de San Pelayo, de porte plateresco y tipo casillero, combina una calle central escultórica con un conjunto pictórico excepcional. De la mazonería debió encargarse Pedro de Guadalupe, mientras la escultura aporta firmas tan insignes como la de Alonso Berruguete –de su gubia surgió el Calvario–. El resto de piezas genera dudas en los historiadores del arte, que debaten sobre la intervención de un seguidor de Bigarny, Guillén de Holanda o Juan Ortiz el Viejo I. Más

Retablo mayor de la iglesia de San Pelayo, en Olivares de Duero.

Galería superior del patio del colegio de San Gregorio, en Valladolid.

discutida es la autoría de las tablas pictóricas, en las que se adivinan tres manos diferentes, siendo la única atribución segura la de Juan Soreda, autor de tablas de la predela. Es una obra cumbre en su género en todo el ámbito nacional. Asombrará al visitante.

Quintanilla de Trigueros alhajó su parroquial de la Asunción con un interesante retablito plateresco con hornacinas *aveneradas* que guarecen tallas de bulto cargadas de expresividad, que recuerdan al taller de Felipe Bigarny. Debió ensamblarse hacia 1520.

Simancas conserva en su iglesia del Salvador un interesante retablo romanista contratado con Inocencio Berruguete en 1562. Merece la pena acercarse al templo después de visitar el castillo. Disfrutará el visitante, además, de las buenas esencias urbanas de esta histórica villa, asomada al Pisuerga desde espléndido mirador.

Valladolid ostentó la capitalidad del Imperio entre 1601 y 1606. Fue foco cultural que atrajo a la corte toda suerte de artistas, que dejaron aquí una inagotable fuente de joyas. Sus motivos de interés completarían un extenso tratado. Son dignos de admirar sus museos –Nacional de Escultura, Catedralicio, de Valladolid, San Joaquín y Santa Ana, Oriental, Santa Isabel, Patio Herreriano, Academia de Caballería y Real Academia de Bellas Artes–, con una portentosa concentración de obras de arte del mejor nivel y de un amplio periodo cronológico. Asimismo, revelan la importancia histórica de la ciudad sus casas-museo –Cervantes, Zorrilla y Colón– y palacios –Real, Pimentel, Vivero, Villena, Casa del Sol, Fabio Nelli y Chancillería–. El catálogo de edificios sobresalientes incluye los colegios de San Gregorio, Santa Cruz y San Ambrosio, la monumental Universidad original o la Academia de Caballería. Entre las espléndidas obras de arquitectura religiosa destacan templos como la Catedral, Santa María de la Antigua, San Martín, Santiago y un amplísimo etcétera, además de iglesias penitenciales –Vera Cruz, Nuestra Señora de las Angustias, la Pasión o Jesús Nazareno– y monasterios –San Pablo, San Benito y Huelgas Reales, entre otros–. En conjunto encierran valores extraordinarios, tanto desde el punto de vista arquitectónico como desde la perspectiva de las artes decorativas.

TÉCNICAS CONSTRUCTIVAS Y ORNAMENTALES

Son múltiples y muy variadas las técnicas que se emplearon en la edificación de los castillos de nuestro entorno. La disponibilidad de recursos económicos jugó un papel primordial, tanto en el empleo de materiales como en el uso de las técnicas para su aparejamiento.

En la fábrica de las fortificaciones regionales puede constatarse, muy a grandes rasgos, el empleo de dos técnicas constructivas, cada una de las cuales presenta multitud de derivaciones o peculiaridades. Se trata de la edificación mediante el uso de tapial y la construcción con aparejo de piedra o ladrillo.

El uso del tapial fue el recurso técnico más elemental y económico. Se caracteriza por el empleo de encofrados de madera en cuyo interior se consolidaba un compuesto de barro –con o sin piedras– o un mortero de cal y canto. Esta técnica artesanal, que se vale de los materiales *pobres* que brinda el terreno en el propio lugar del emplazamiento, obliga a un aguzamiento del ingenio que ha acabado por originar productos de notable sofisticación y sorprendente resistencia. Este sistema fue empleado en multitud de mu-

De izquierda a derecha, fábrica de mampostería en la muralla de Urueña, de sillarejo en el castillo de Íscar y de sillería en la torre del castillo de Peñafiel. La mampostería se sirve de piedras toscas e irregulares, no talladas, que se integran en el muro sin respetar órdenes de tamaños o hiladas. El sillarejo es un tipo de piedra de labra poco cuidada y pequeñas dimensiones que solía emplearse en el revestimiento de la cara exterior de un muro. Finalmente, el uso de la cuidada sillería fue un lujo reservado a los castillos edificados por los linajes más pudientes.

rallas y castillos. También se advierte su uso en la construcción de las capas internas de los muros de otras edificaciones, posteriormente revestidas con cantería o ladrillo para mejorar su aspecto exterior y aumentar su solidez. Esta técnica se valía de dos tableros colocados en paralelo sobre un zócalo previamente compactado, que recibían un relleno de argamasa de barro. Para que la evaporación del agua de la masa no convirtiese el componente resultante en un producto demasiado poroso, la humedad del material empleado debía someterse a un riguroso control, a fin de evitar que el agua de lluvia que se acumulaba en el interior de las oquedades dejadas por los poros se helase en la estación fría, ocasionando, por dilatación, el resquebrajamiento de la consistencia del muro. Si la disponibilidad de medios lo permitía, el conglomerado de barro podía reforzarse con piedras o con un mortero de cal y arena –en este caso hablamos de *tapial calicostrado*–. Una vez seca la mezcla se retiraban los costeros y se preparaban las siguientes piezas del muro. Los encuentros murales y los perfiles de ventanas y vanos

Ventana de la torre del homenaje en el castillo de La Mota de Medina del Campo. Es característico del mudéjar el empleo de materiales como ladrillo, azulejo, yeso o madera.

se reforzaban y escuadraban con ladrillo o con sillares. Las huellas del negativo de los tableros resultan patentes en diferentes edificios.

El otro sistema constructivo consistía en el aparejamiento de cantería o ladrillo. Los materiales básicos empleados eran el ladrillo, la modesta mampostería, el sillarejo y el sillar, no siendo inusual el empleo combinado de varios de estos elementos. Existen diferentes formas de disposición y engarzamiento de esos materiales en la construcción del muro. Se denomina aparejo *a soga* o *de media asta* al que dispone los sillares de modo que su lado mayor quede en paralelo a la pared. El aparejo *a tizón* o *de llaves* adopta la solución contraria, colocando el lado largo de las piezas en perpendicular al muro. La alternancia de ambos sistemas produce el aparejo *a soga y tizón* o *diatónico*. El empleo de sillares iguales da lugar al aparejo *isódomo* o *regular*.

La fábrica de aparejo de piedra confiere mayor robustez a las obras. Los materiales empleados adquieren forma de mampostería –piedra informe e irregular–, sillarejo –piedra escuadrada de pequeñas proporciones– o sillar –paralelepípedo de notable volumen bien tallado y escuadrado–. Las necesidades defensivas de los muros exigían la creación

Ornamentos arquitectónicos en la corona de la torre del homenaje del castillo de Fuensaldaña. Al ser una construcción diseñada para resistir el ataque del enemigo, el castillo suele ser un edificio austero con escasos elementos ornamentales, al margen de la heráldica y de algunos recursos defensivos, como torrecillas o garitas voladas sobre matacanes.

de dos paredes paralelas con relleno interior de ripio de cascotes compactados con cal. La disposición del aparejo daba lugar, asimismo, a diversas formas constructivas. La aportación mudéjar tiene como seña más relevante el empleo del ladrillo, que se compactaba con un relleno interior calicostrado.

Ornamentación

Los edificios fortificados revelan una austeridad fácilmente explicable por su finalidad. Con independencia de interesantes exponentes de *teatralidad* arquitectónica –recurriendo al término acuñado por Edward Cooper–, los castillos y fortalezas de Valladolid son reos de una abrumadora austeridad ornamental. La fase de *ornamentación exterior* se resolvía la mayoría de las veces con raquíticas concesiones al lujo decorativo. De las lisas y compactas paredes apenas sobresalen algunos paramentos volados apoyados sobre ménsulas con un claro cometido defensivo. El edificio fuerte está diseñado para ofrecer las menores posibilidades de éxito al asaltante y, en consecuencia, tanto la toma de luces como la práctica de aperturas en el muro desde las que poder hacer uso de las armas se reducen a la mínima expresión.

Sobre el perfil superior de los muros del recinto central aparece con frecuencia un remate de almenas, compuesto por una hilada de piezas cilíndricas –usualmente con formas piramidal o prismática con plano superior recto o inclinado– que coronan el muro para ofrecer resguardo a los defensores. Cuando los huecos que dejan entre sí las almenas se utilizan para el empleo de armas artilleras se denominan cañoneras, y los paños del lienzo de muralla que discurren entre ellas reciben el nombre de merlones. La instalación de balcones, con fines residenciales o defensivos, se empleó también con frecuencia para introducir algún elemento decorativo con el que paliar la sensación de pesadez arquitectónica del conjunto. La necesidad de disponer de elementos volados desde los que arrojar armas a mansalva dio origen a la buharda o balcón volado, cuyo apoyo sobre elegantes ménsulas de cuerpo múltiple juega el papel de airoso recurso ornamental. El parapeto que se instala en voladizo recibe la denominación de matacán. Supone un recurso decorativo muy común y aporta una nota de esbeltez. Para la defensa de torres y muros se instalaron en muchas ocasiones garitas, con frecuencia de diseño cilíndrico y disposición volada sobre el muro de apoyo, que confieren a la torre una airosa galanura. Los recios edificios de la Escuela de Valladolid muestran robustas torres del homenaje, cuya sensación de pesadez y sobriedad se alivia con estos elegantes componentes. La heráldica, además de la finalidad testimonial e informativa del linaje del titular, cumple también una función ornamental. Por lo demás, la arquitectura castrense debe confiar a la armonía volumétrica y a la habilidad en la disposición de los diferentes componentes constructivos la posibilidad de obtener virtudes estéticas, algo que en Valladolid se consigue en la mayoría de las ocasiones por el incontestable acierto de los maestros que planificaron las obras.

A la izquierda, ladronera en el castillo de La Mota. A la derecha, defensa amatacanada en el castillo de Encinas de Esgueva.

CAMPO
DE PEÑAFIEL

Castillo de Peñafiel
| DAMIÁN SIMAL.

CAMPO
DE PEÑAFIEL

Vista de Peñafiel desde el castillo.

Por el extremo oriental de la provincia se extienden tierras con un pasado íntimamente vinculado al Condado de Castilla. El Duero marca aquí una frontera natural de extraordinario calado histórico y determina, al tiempo, la división territorial de dos comarcas que solo la funcionalidad administrativa ha venido a unificar. Al norte se hallaban las tierras que pregonaban con derecho propio su *castellanidad* histórica, mientras el sur del *«río de la epopeya condal»*[1] quedaba configurado como territorio de la *Extremadura*.

En tiempos más recientes persistía la distinción de *Curiel y Peñafiel con sus tierras respectivas* a la hora de señalar las diferentes comarcas que integraban la actual provincia de Valladolid[2].

Notable especialidad de este espacio geográfico, desde el punto de vista de la organización político-social, fue su configuración mediante el modelo de la Comunidad de Villa y Tierra.

En sus primeros tiempos, Curiel fue poco más que un torreón encaramado en el peñasco del monte Bercial. Fue punto estratégico para la defensa de Castilla por su emplazamiento en la margen derecha del Duero, junto al camino real de Aragón, vía que empleaba el ejército agareno para canalizar sus incursiones en el territorio condal, siguiendo

el itinerario abierto siglos atrás por una calzada romana. Con el correr del tiempo se constituyó en cabeza de una Comunidad que agrupaba las villas de Bocos Corrales, Iglesia Rubia –o Isarrubias–, San Llorente, Roturas y Valdearcos –no busque el lector en el mapa de Valladolid alguna de estas demarcaciones, como Iglesia Rubia, pues desapareció en el siglo XVIII sin dejar otro rastro que el recuerdo y unos casi imperceptibles vestigios–. La mayor parte de estas tierras basaron su prosperidad económica en la explotación agrícola y pecuaria de los pastos y tierras de labor que ofrecían el denominado *valle del Cuco* y las parameras entre las que se acuna.

Mayor entidad adquiriría la Comunidad de Peñafiel, puesta a prueba al verse sometida a finales de la décima centuria a la furia devastadora de Almanzor. Llegó a agrupar alrededor de una treintena de términos menores –algunos de los cuales se situaban al norte del Duero; otros borrados del mapa por el inmisericorde discurrir del tiempo–. La pujanza alcanzada por la localidad motivó la aparición de palacios y de un viejo *castillo condal*, que sucesivas reestructuraciones y reformas impulsadas por el infante don Juan Manuel transformarían en una extraordinaria muestra de la arquitectura militar, pletórica de emotividad escénica, que hoy sorprende al viajero.

Concierne a este territorio el mérito de haber suministrado a multitud de poblaciones de un amplio entorno los materiales con que se levantaron iglesias y castillos[3]. De las canteras ubicadas en las parameras de Campaspero[4] salieron los materiales líticos de que se nutrió la fábrica de innumerables inmuebles regionales a lo largo de un muy dilatado decurso histórico.

Curiel de Duero.

PEÑAFIEL

Plaza del Coso de Peñafiel, con el imponente castillo de la localidad al fondo.

El invierno vallisoletano sumerge, con frecuencia, sus valles en un manto de densa niebla. Transitando por el entorno de Peñafiel surge sobre la bruma, súbitamente, la estampa de un colosal barco de piedra que parece navegar sobre las nubes, de modo que el viajero se siente inmerso en una especie de extraño embrujo. La mágica estampa del castillo de Peñafiel, que parece colgado del cielo, encuentra su contrapunto en los crepúsculos estivales, cuando la salida y puesta del sol acentúan la caprichosa silueta del edificio y confieren diferentes caras a la que muchos catalogan como la más hermosa muestra de arquitectura militar vallisoletana. «*Adelantado, defensa y vigía de esas fronteras, parapeto ante las aceifas de la caballería musulmana, fue durante largos años el castillo de Peñafiel, con el de Curiel a trasmano, guardando su retirada*»[1].

APUNTE HISTÓRICO

En el año 947 Ruy Laínez, pariente del conde castellano Fernán González, fundó -o, cuando menos, repobló- la plaza de Peñafiel. En el 983 torna el lugar a manos musulmanas[2] y habrá que esperar hasta el año 1013 para ver de nuevo a la localidad bajo el dominio castellano, de la mano del conde Sancho García, quien otorgó fuero a la villa, que pasó a denominarse Peñafiel y perdió su anterior nombre de *Peña Falcón*[3].

Peñafiel ocupó un enclave de máximo valor estratégico en la línea de defensa del tramo medio del Duero en tiempos de la Reconquista, cuando cristianos y musulmanes pugnaban por el dominio de este baluarte militar de extraordinaria importancia. La plaza fue conquistada y luego perdida por ambos bandos en una sangrienta sucesión de combates.

Existe cierto consenso a la hora de reconocer que desde *tiempos condales* Peñafiel gozó de la protección de un castillo. Muchos autores han intentado determinar el origen de aquel edificio, precedente del actual castillo. Algunos tratados atribuyen su construcción al ya mencionado Sancho García, que reconquistó la población en 1013. Otros, por el contrario, opinan que se limitó a reedificar sobre los cimientos de una fortificación anterior arruinada. Sea como fuere, Peñafiel permaneció bajo el dominio de los sucesores del conde hasta mediados del siglo XIII.

Fernando III instituye el señorío de Peñafiel y lo pone en manos de

Fachada suroriental de la fortaleza de Peñafiel.

PEÑAFIEL

su hijo Alfonso X, cuyo segundogénito, Sancho IV, lo heredará y donará en 1282 al infante don Juan Manuel. Hay acuerdo a la hora de atribuir al infante la reconstrucción y ampliación del castillo, efectuada a partir de los últimos años del siglo XIII. Su hijo Fernando y su nieta doña Blanca aparecen como titulares sucesivos, hasta que la plaza retorna al realengo con Pedro I, al fallecer aquella sin descendientes.

Juan I creó el ducado de Peñafiel para otorgárselo a su hijo Fernando

Vista panorámica de Peñafiel y su castillo
| CORTESÍA DE ISRAEL BUSTAMANTE MARTÍN.

de Antequera en 1390. Aparece, asimismo, documentada la cesión de la villa que realiza Juan II de Castilla en favor del valido y condestable de Castilla don Álvaro de Luna, si bien Peñafiel retornaría a la corona. La fortaleza sería demolida en el siglo XV por orden de Juan II.

La villa pasará sucesivamente a manos de Fadrique Enríquez -II almirante de Castilla-, Juan II de Aragón -duque de Peñafiel y rey de Navarra, Aragón, Cerdeña y Sicilia- y Pedro Fernández de Velasco -conde de Haro-, hasta revertir en el infante Enrique, hijo de Juan II. Una vez accede al trono como Enrique IV, dona la villa de

Peñafiel al maestre de Calatrava don Pedro Girón, concediéndole autorización para reconstruir la fortaleza. La obra que llevó a efecto confirió al castillo -al margen de diferentes intervenciones posteriores- el espléndido aspecto que hoy muestra desde la «peña más fiel de Castilla». Isabel I de Castilla y Fernando II de Aragón confirmaron, en 1476, la donación en favor de Juan Téllez de Girón.

RASGOS ARQUITECTÓNICOS

El cerro en que se acomoda condiciona la caprichosa forma del castillo, que inevitablemente sugiere la imagen de una embarcación pétrea varada en un montículo. En su longilínea planta, con sugerencia de aguja de brújula cuya punta señala al noroeste, se intercalan, con alrededor de diez metros de intervalo, una treinta de elementos defensivos con forma de cubo incompleto o torres de planta circular y diferentes diámetros. Su estrecho ámbito interior, de más de doscientos metros de longitud y poco más de veinte de anchura, aparece interrumpido por una robusta torre del homenaje. Todo el perímetro del recinto interior se corona con almenas, y en las torres circulares -en las que se abren troneras de bola y cruz- aparece volado sobre matacán.

En la imagen superior, torre del homenaje del castillo. Abajo, aspecto del salón interior.

La cortina de muralla que rodea ese recinto interior parece corresponder a la etapa constructiva más antigua. Dispone esta cerca exterior de un solo acceso, hacia naciente, protegido con dos torres.

Destaca, imponente, una torre del homenaje que se eleva hasta treinta y cuatro metros. Porta en su corona ocho torrecillas cilíndricas y todo el perfil lleva almenas, que en los paños se soportan sobre matacán con ménsula triple. Bajo el nivel de las torrecillas se instaló, en los frentes, el escudo del linaje Girón. Esta torre del homenaje distribuía su interior en diferentes estancias internas, dispuestas en altura, dos de las cuales se rematan con bóveda de sillería,

mientras ha desaparecido la techumbre de madera de la tercera, dejando el vestigio de las ménsulas sobre las que apeaban las vigas de soporte. Es posible que la planta inferior se dedicase a presidio. El nivel superior se dividía, según invitan a suponer las ventanas y soportes de andamiajes que se advierten en las paredes, en varios pisos acondicionados para habitación.

Los alargados patios acogían caballerizas, almacenes y dependencias de uso diverso. El interior de algunos de los cubos que recorren el recinto amurallado sirvió también como inhóspito calabozo.

ESTADO DE CONSERVACIÓN

Se conserva íntegro y perfectamente consolidado.

VISITA Y ACTIVIDADES

El castillo de Peñafiel alberga en sus estancias un Museo del Vino[4]. Se puede visitar su interior, con sujeción a horario y tarifa de entrada –debe consultarse[5] la información actualizada, para evitar esperas o ver frustrada la visita[6]–. Se pueden realizar visitas libres al Museo del Vino y guiadas al castillo. Las tarifas varían en función de la entrada seleccionada y otras circunstancias: tarifa especial para grupos de más de doce personas con reserva previa o grupos escolares, opción de degustación...; la entrada es gratuita para menores de doce años acompañados por sus padres. Existe, asimismo, la posibilidad de alquilar el salón de actos del museo.

CURIEL DE DUERO

Castillo roquero de Curiel de Duero | *AITOR GUTIÉRREZ COSGAYA.*

La villa de Curiel, otrora plaza relevante y cargada de historia, es lugar de paso hacia ninguna parte. Allí mueren los caminos. Sin embargo, ofrece sobrados motivos para una pausada visita. De su pasada hidalguía advertirá al viajero una columna blasonada instalada en el acceso a la localidad. Desde su pie se divisa la silueta del inexpugnable castillo roquero, también denominado *castillo alto*, enclavado sobre un peñasco que eleva su base hasta 927 metros, altitud nada despreciable si hablamos de la llana provincia de Valladolid. En su entramado urbano hay restos de lo que fuera un espléndido castillo-palacio –conocido como *palacio bajo*–, hoy venido a menos por una deplorable demolición parcial llevada a cabo en el primer tercio del siglo XX.

APUNTE HISTÓRICO

El estudio de los orígenes de la fortificación roquera de Curiel ha generado polémica. Diferentes tratados defienden la existencia de un *castella* romano precedente, mientras otros relacionan su primera edificación con el proceso de repoblación llevado a cabo en el tramo medio del Duero durante el siglo X con el impulso de Ansur Fernández, conde de Monzón, tras la batalla de Simancas; otros autores retrasan su edificación hasta el siglo XII[1]. Figura, en todo caso, entre las muestras de arquitectura militar más veteranas de la provincia.

Las fuentes historiográficas detallan una larga lista de personajes de la nobleza vinculados al señorío de la fortificación. En 1148 Alfonso VII otorga privilegios y adjudica el castillo a la condesa doña Urraca Fernández y su hija Estefanía Alfónsez. También aparece documentada la titularidad del castillo de la reina de Castilla Leonor Plantagenet[2], que lo adquirió en concepto de arras de su matrimonio con Alfonso VIII. Con el correr de los años, el castillo pasará a la propiedad de Fernando III, quien lo obtuvo de sus progenitores Alfonso IX y doña Berenguela. Igualmente figura como titular del castillo doña Violante de Aragón, en virtud de su matrimonio con Alfonso X. La fortificación tornaría al realengo con Sancho IV, de modo que cabe suponer que su esposa María de Molina quedaría como titular a la muerte de su cónyuge. Entre los reyes que continuaron la posesión real del castillo

Imagen del patio central del castillo tras su restauración.

CURIEL DE DUERO

Torre del palacio de los Zúñiga.

alto figuran sucesivamente Alfonso XI, Pedro I -cuya estancia en el castillo está documentada en 1355-, Enrique II, Juan I de Castilla y Enrique III. Algunas fuentes históricas hacen referencia a una permuta de la villa de Villalba de Losa por la de Curiel que realizó Juan I en favor de su camarero y mariscal Diego López de Estúñiga en 1386[3]. Otras fuentes indican que fue Enrique III quien compensó a don Diego López de Stúñiga, señor de Béjar, con la propiedad de Curiel y su alfoz por los servicios prestados a la corona[4]. En cualquier caso, fue Diego López el primer titular documentado del castillo alto, en el que estableció su residencia con su esposa Juana García de Leyva. El castillo se mantendría durante un amplio decurso secular en manos de la casa de Béjar. Consta una transmisión, a mediados del siglo XIX, a Indalecio Martínez Alcubilla[5]. En aquel tiempo el castillo alto había quedado reducido a triste ruina y amenazaba con devolver a la tierra en forma de escombro los escasos vestigios de muros perimetrales que aún permanecían en pie[6].

También es amplia la relación de nobles personajes que sufrieron presidio en el castillo alto de Curiel. Sancho IV acordó, en 1288, el internamiento como prisionero de su hermano el infante don Juan, por haberse mostrado contrario a sus intereses. Enrique II apresó a dos hijos extramatrimoniales de Pedro I tras la muerte de su hermanastro. Uno de ellos, Diego de Castillo y Sandoval, fue enviado a Curiel por considerar su castillo inexpugnable. Jaime IV de Mallorca fue otro de los ilustres prisioneros del castillo, mientras que el conde de Pembroke y Beltrán Du Guesclin -que auxilió a Enrique de Trastámara en su lucha fratricida contra Pedro I- fueron asimismo retenidos aquí en calidad de rehenes.

Las obras del castillo-palacio (o *palacio bajo*) que se cobija en el caserío de la villa comenzaron a finales del siglo XIV y concluyeron en 1410. Su edificación se atribuye a Diego López de Stúñiga[7], motivo por el que es conocido como palacio de los Zúñiga.

El palacio permaneció en manos del linaje fundador durante un largo periodo. Se transmitió por herencia al duque de Osuna, don Mariano Téllez de Girón, quien lo sacó a pública subasta en 1862. Fue adquirido por Indalecio Martínez Alcubilla, quien procedió a una limpieza y desescombro del edificio y realizó una memoria histórico-descriptiva del mismo[8]. A pesar del abandono, el palacio conservaba riquísima colección de arte mueble y preciada ornamentación mudéjar, si bien las armaduras de madera habían comenzado a descomponerse por el mal estado de la cubierta. Todo el conjunto fue vendido a don Rafael Yagüe, quien lo transmite por herencia a su hijo Rafael en 1899. En esas fechas había comenzado la venta de mobiliario y hacia 1921 el palacio, que amenazaba ruina, empezó a ser demolido, sin que conste intervención alguna de la Comisión Provincial de Monumentos ante tal dislate. Al fin, el palacio fue cedido al Ayuntamiento de la villa.

RASGOS ARQUITECTÓNICOS

La fortaleza roqueña acomoda su planta a la irregular topográfica del risco donde se asienta. Debió suplantar a otro edificio antecedente o conjunto de aparejos defensivos compuestos por murallas y torres de madera que protegía el tramo medio del Duero durante la fase más enconada de la pendencia entre islámicos y cristianos. La silueta que dibuja su proyección sobre el terreno se acerca a un perfil oval, angulado en el extremo septentrional, con una torre del homenaje incrustada en el muro de naciente. Un doble paño de recinto protegía una rampa de acceso al patio interior junto a dicho torreón representativo, al que se ingresaba por un portón precedido de un zaguán –perpendicular al pasillo de entrada– que dificultaba el asalto[9]. La corona de los muros estaba dotada de

Vista general del castillo de Curiel, en la parte superior, y del arruinado palacio de los Zúñiga, en la parte inferior.

paseo de ronda. Junto al muro, cerca del ángulo del norte, se instaló un helero que se ha conservado íntegro; en él se guardaban alimentos y bebidas, protegiéndolos de las altas temperaturas (consiste en un pozo de unos siete metros cuyas paredes internas fueron forradas con un compuesto aislante de almagre)[10]. Un gran aljibe y otro auxiliar de menor tamaño

Restos del antiguo palacio de los Zúñiga.

ocupaban plaza en el patio de armas, hacia el extremo norte. Junto al muro de poniente se extendían las dependencias para cocina y estancias de servicio y armas. En el extremo meridional se localizaba una escalera para ascender al adarve -había otro acceso junto al tramo noreste del muro-. La cata arqueológica también ha desvelado la base de un cobertizo, al sureste, posiblemente dedicado a caballeriza o almacén. La torre del homenaje tenía planta rectangular y dividía su espacio en varias alturas abovedadas a las que se accedía por escalera de caracol.

De todo este lujo arquitectónico no quedaban en pie a comienzos del presente siglo sino las partes inferiores de algunos paños de muralla y una cantidad ingente de escombros acumulados en interior.

Determinadas labores de desescombro y prospección arqueológica determinaron la antigua distribución, a partir de la cual se reconstruyó el recinto y la torre del homenaje. Tanto el patio interior como el torreón se han adecuado para acoger un establecimiento hostelero.

Describir los rasgos arquitectónicos del palacio-castillo urbano de Curiel conduce, necesariamente, a un estado de nostalgia y desaliento. Llegó íntegro a los albores del s. XX, y con su valiosísima carga ornamental mudéjar. Pero fue paulatinamente privado de sus riquezas a partir de 1919 y derruido dos años después. Algunas viejas fotografías -rancia su belleza, dramático el impacto que provocan- muestran la suntuosidad malograda del edifico central. Las fuentes nos alarman al describir los «pingües beneficios» que proporcionaron el aprovechamiento de la piedra y las «*3.800 arrobas de leña*» obtenidas con su desmantelamiento.

Un esfuerzo de imaginación permitiría reconstruir idealmente un edificio de planta rectangular, con dos torres almenadas -la del homenaje se alzaba al suroeste- en los cantones de poniente. Una estructura defensiva de matacán sobre ménsula múltiple -conservada- protegía la puerta de acceso. En el interior se edificó un patio porticado. La adusta sensación que transmitía el conjunto se veía aliviada con la presencia de algunas ventanas geminadas abiertas en unos muros que encerraban en su interior los principales valores ornamentales del conjunto –las fuentes citan un zaguán engalanado con *«yeserías de estilo toledano»*[11] y notables artesonados–. Restan, para alimento de la nostalgia y como exponente de la gloria perdida, una de las fachadas y algunas hiladas basales de sillería de los muros del palacio.

ESTADO DE CONSERVACIÓN

Poco queda del castillo alto original. Sus arruinados restos fueron adquiridos en subasta pública y, tras pasar a manos particulares, ha sido completamente reconstruido a partir de los indicios desvelados por un estudio arqueológico y las muy escasas imágenes que del mismo reproducían algunos añosos mapas. Todo el edificio ha sido adecuado para acoger un establecimiento hostelero. Las obras finalizaron en 2006. El visitante debe ser consciente de que encontrará un castillo casi íntegramente de nuevo cuño, que pretende reproducir lo que fue la vetusta construcción fortificada.

El edificio palaciego del casco urbano muestra un aspecto desolado, fruto de la desconsideración de que fue objeto. La historia de su ruina corre en paralelo a la de la propia incuria e irresponsabilidad cultural, que dieron por tierra con el cuerpo central de tan espléndido edificio. Algún fragmento del artesonado que cubría sus estancias fue trasladado al Alcázar de Segovia, mientras otros notables componentes ornamentales acabaron viajando, *disiecta membra* de lo que fuera magnífico conjunto, a lejanos lugares, dentro y fuera de nuestras fronteras[12].

VISITA Y ACTIVIDADES

El castillo roquero ha sido reconvertido en establecimiento hostelero. Su visita debe acomodarse al uso para el que actualmente está destinado[13]. Los restos principales del palacio de los Zúñiga –fachada occidental- se asoman a una amplia plaza de la villa de Curiel. Una puerta enrejada permite apreciar los restos ruinosos del antaño extraordinario palacio mudéjar[14].

RESTOS Y EDIFICIOS DESAPARECIDOS

Ruinas del castillo de Aldealbar, del siglo XIV.

Aldealbar conservó algunos vestigios de su derruido castillo de planta cuadrada, con sólida torre de homenaje erigida con sillería. Ha sido datado en el siglo XIV.

Curiel de Duero se protegía con muralla –del siglo XII–, de la que únicamente resta la muy airosa puerta de la Magdalena, a la que sirve de telón de fondo el castillo roquero que vigila la población.

Peñafiel ha conservado retazos de la muralla que protegió la villa. Algu-

nas fuentes atribuyen su construcción al infante don Juan Manuel, si bien otras anticipan su edificación al

Puerta de La Magdalena y castillo de Curiel de Duero.

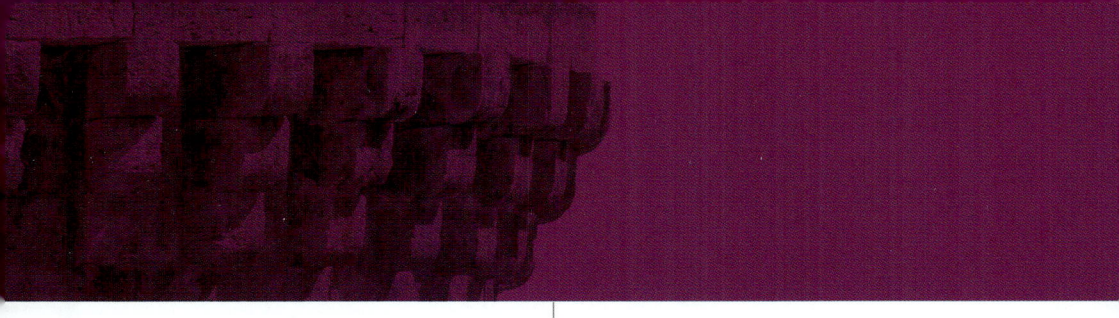

siglo XI, en tiempos de la pugna de los condes castellanos con las huestes musulmanas.

Pico de la Mora designa un montículo que se alza sobre el valle del río Duratón unos cuatro kilómetros al sureste de Peñafiel. En el entorno cronológico de los años 2500 a 2000 a. de C. se instaló allí un vetusto poblado protegido con una muralla. Trabajos arqueológicos realizados en 2016 sacaron a la luz algunos vestigios de aquella cerca.

San Llorente incluye en su término el emplazamiento del despoblado de Iglesia Rubia -o Isarrubia-, una de las circunscripciones que se agrupaban en la Comunidad de Cu-

riel. De su torreón o castillo quedan restos muy desgastados.

Torre de Peñafiel debe su nombre, según todos los indicios, a un edificio que debió apoyar la línea defensiva del valle, hoy desaparecido.

Torrescárcela parece tener, asimismo, una denominación que evoca la pasada existencia de un fortín medieval que habría servido de prisión[1].

Valbuena de Duero ha conservado, de su antigua muralla medieval, una puerta que da acceso a la plaza central de la villa y algunos fragmentos dispersos, integrados u ocultados por las viviendas.

Restos del castillo del despoblado de Iglesia Rubia, en término de San Llorente.

OTROS LUGARES DE INTERÉS

Detalle del banco del retablo mayor de la iglesia de Santa María de Curiel de Duero.

Curiel ofrece a quien acuda a contemplar su arquitectura fortificada, como motivo de interés añadido, el retablo renacentista que engalana la cabecera de su iglesia de Santa María. La talla se ha relacionado con la primera etapa del escultor Manuel Álvarez –en la que los estudiosos adivinan influencias de Alonso Berruguete y Juan de Juni– y con la gubia de Juan Ortiz Fernández. Debió realizarse en torno a 1560.

Peñafiel conserva un entramado urbano cargado de sabor. Entre sus múltiples motivos de interés destaca la joya arquitectónica del convento de San Pablo, cuya edificación se inició a instancia del infante don Juan Manuel –sobre restos del Alcázar de Alfonso X– en

Cabecera gótico-mudéjar del convento de San Pablo, en Peñafiel.

Panda del claustro del monasterio de
Santa María de Valbuena.

Retablo plateresco de Santa María, en el
Museo de Arte Sacro de Peñafiel.

el primer cuarto del s. XIV. Su cabecera muestra una verdadera sinfonía de arquitos de diferente diseño y tipología gótico-mudéjar que asombrará al visitante. También resulta inexcusable acudir a la singular Plaza del Coso, espacio cerrado por edificios provistos de galerías de madera que tiene al imponente castillo como telón de fondo, concebido en su origen para espectáculos relacionados con el alanceamiento de reses bravas y el desarrollo de otros juegos medievales. Espléndida es, asimismo, la exposición del Museo Comarcal de Arte Sacro, ubicado en la iglesia de Santa María. Particular interés concitan los restos desmembrados del retablo de la Soledad, antiguamente emplazado en la iglesia de San Miguel –de estilo plateresco y con talla atribuida a un seguidor de Felipe Bigarny– y el no menos deslumbrante retablo, también plateresco, de la iglesia que acoge la muestra, en cuya talla intervino Juan Ortiz el Viejo.

Detalles del retablo mayor barroco de la iglesia del monasterio de Santa María de Valbuena.

Valbuena de Duero exhibe en su pedanía de San Bernardo el espléndido monasterio de Santa María de Valbuena, cuya edificación impulsara doña Estefanía de Armengol[(1)] en 1143. El conjunto monástico integra iglesia, claustro y hospedería, todo ello ajustado a la sobria pauta cisterciense. El interior del templo ofrece multitud de motivos ornamentales dignos de ser admirados, entre ellos dos espléndidos retablitos de Gregorio Fernández y un retablo mayor que eleva la estilística del barroco a su expresión más obsesiva. El magnífico claustro se organiza en dos alturas –del s. XIII la inferior y del XVI la superior–. Diversas salas –capitular, de Trabajos– y estancias –refectorio, calefactorio, lavatorio, cocina, vestíbulo, botica...– completan un conjunto soberbio[(2)].

MAESTROS CANTEROS Y ALARIFES

En las visitas a estos ciclópeos monumentos de piedra llamarán nuestra atención diferentes marcas impresas sobre los sillares que arman su fábrica. Son la firma de los maestros canteros y alarifes. La impresión de esa huella identificativa tenía por finalidad posibilitar el recuento de las piezas labradas por el cantero a efectos de su retribución. Edward Cooper[1] estima que el maestro cantero puede considerarse como el equivalente del actual arquitecto. El maestro alarife sustituye al cantero en aquellos edificios que se sirven de tapial o ladrillo.

En Castilla y León dejaron su huella renombrados artífices durante el periodo en que se desarrolló la *fiebre fortificadora*. El bretón Juan Guas trabajó en Castilla a partir de la segunda mitad del siglo XV y su dirección de obra está documentada en los castillos de Mombeltrán, Manzanares y Belmonte. Cooper destaca como característica significativa del estilo de este notable maestro la utilización de *«frisos de matacanes decorativos con gradas de canecillos»*. El abulense Ali Caro dejó la impronta de su pericia en el castillo de Coca, que le valió su consideración como principal maestro alarife de la Castilla de la decimoquinta centuria. La influencia de su estilo se aprecia en multitud de obras

Marcas de cantero en el castillo de Villalba de los Alcores | ARBOTANTE PATRIMONIO E INNOVACIÓN S.L.

Pequeñas marcas en el castillo de Belmonte de Campos, en la provincia de Palencia.
| ARBOTANTE PATRIMONIO E INNOVACIÓN S.L.

del entorno de La Moraña. A Juan Carrera –que sirvió a los intereses del duque de Alba– se atribuyen las obras fortificadas de Coria y San Felices de los Gallegos, y a Lorenzo de Donce –que intervino en la restauración del castillo de Simancas– la de Grajal de Campos. Cooper destaca en la creación de García de Lambé las «*llamativas triples molduras de su obra más conocida, la barrera del castillo de Portillo*», que hacen presumir al tratadista su vinculación con los castillos de Simancas y Villalba de los Alcores. En este último edificio está documentada la intervención del cantero Juan de Liérganes, quien en el s. XVI realizó, entre otras, obras de sustitución de las bóvedas de la segunda planta. Juan de Zamora Alderete diseñó para el castillo de Íscar en los años finales del siglo XV los cubos que albergan –junto a Rello y Almenara– las mayores casamatas artilleras de Castilla. Se presume la intervención de Juan Gil de Hontañón en obras tan importantes como los castillos de Turégano y Belmonte de Campos, y se ha propuesto su posible autoría para algunas fases decorativas –caracterizadas por el diseño escamoso– del castillo de Villanueva de Cañedo y de la torre de Juan II del Alcázar segoviano. También está documentada la intervención del cantero Diego de la Ranza y de los carpinteros Pedro de Ortopa y Juan del Castillo en la reconstrucción del castillo de Torrelobatón tras los desperfectos que sufrió por el asalto del ejército comunero en 1521[2]. Asimismo, aparece documentada la intervención, en el s. XVII, del cantero Andrés Gómez del Rebollar en el castillo de Montealegre.

Marcas de cantero con simbología religiosa. Las marcas de cantero son símbolos tallados con un fino cincel en los sillares que nutrían la fábrica de edificios religiosos, civiles o militares erigidos principalmente entre los siglos XI al XV. Constituyen la firma del cantero que talló las piezas y servían para certificar su autoría.

TIERRAS DE PINARES, DE MEDINA Y DEL VINO

Abadía de Retuerta, en el extremo nororiental de la Tierra de Pinares vallisoletana.

La Tierra de Pinares integra una vasta planicie silícea de ámbito supraprovincial que se extiende por tierras de Valladolid, Ávila y Segovia. Es nota característica de este espacio, como delata su nombre, la presencia de amplias extensiones boscosas –nada menos que 1.200 kilómetros cuadrados de plantación de pinos tapizan el *desforestado* corazón de la Castilla tópica– que han configurado un modo común de explotación de los recursos naturales. Cierto es que el territorio comarcal pone de manifiesto algunas excepciones al tapiz forestal, allá donde los páramos y laderas desolados dejan a la vista un terreno áspero y pedregoso, poco hospitalario con la cubierta arbórea. Este mosaico de diferencias paisajísticas encuentra correlación con la naturaleza del suelo, ora arenoso en las zonas hundidas –allí prospera el pinar– ora calizo en cerros y páramos –donde domina la vegetación de *porte menor*–. También se refleja esa diversidad geológica en la configuración de las edificaciones, que se nutren de piedra en las áreas que la producen o de tapial en los te-

rrenos desprovistos de aquella. Con el avance de la Reconquista, esta tierra quedó integrada en la *Extremadura castellana*, así podría catalogarse por su ubicación en un área situada al este de una línea que prolongase idealmente el curso del río Pisuerga hacia el sur. Su territorio estuvo distribuido en las Comunidades de Villa y Tierra de Cuéllar -con los sexmos[1] de Valcorba y Montemayor-, Portillo, Iscar y Olmedo[2]. Se repobló, con carácter estable, a partir de finales del siglo XI[3].

El Campo del que toma su nombre Medina hace referencia a las amplias extensiones de terreno que se emplearon para asentamiento de los colonos que repoblaron este sector de la *Extremadura* desde los últimos años de la undécima centuria. Contribuyó a fijar población la asignación a los nuevos habitantes de tierras de cultivos que proporcionaban su sus-

Paisaje agrícola en Nava del Rey.

TIERRAS DE PINARES, DE MEDINA Y DEL VINO

tento -a cambio de un determinado canon- y la posibilidad de transmisión hereditaria de estas sernas. Las prácticas agrícolas y pecuarias arrastraron un fenómeno de roturación de la cubierta forestal que tapizaba el área. El cultivo de la vid fue ganando adeptos y la comarca se vio enriquecida con el auge paulatino de esta actividad. En su inicio, la Tierra de Medina organizó su estructura social según el modelo de las Comunidades de Villa y Tierra, con aprovechamientos comunales de pastos y montes y una gestión comunitaria de los recursos. Este sistema sufrió el embate tanto de las *mercedes* con que fueron premiados los señores afines a la realeza como de la concesión de *villazgos*, lo que provocó un significativo cambio en la titularidad y modo de gestión del territorio. El núcleo urbano que alcanzaría la capitalidad comarcal asentó su primera población en torno a La Mota, de la que tomaría su nombre su esplendorosa y posterior fortificación. Las ferias fueron cobrando auge en la villa y determinaron una rápida expansión y crecimiento económico -al que contribuyó el florecimiento de la viticultura-, que enriqueció a la comarca y atrajo algunas fortunas que alhajaron su solar con espléndidas obras de arte. Isabel *la Católica*, que testó y falleció en Medina del Campo, quedaría vinculada a la plaza. Al tiempo, las afamadas ferias erigieron la población como capital mercantil que generó eventos tan trascendentes como, *v. gr.*, la aparición de la letra de cambio, instrumento que habría de dar un giro radical a la agilidad y seguridad del tráfico mercantil.

La Tierra del Vino es una región natural cuya actividad agrícola confirió personalidad propia a un ámbito geográfico interprovincial. Esta denominación distingue a dos comarcas, una situada en la provincia de Zamora, y otra más oriental, colindante, en territorio vallisoletano. La distribución administrativa realizada en 1833[4] atribuyó a la provincia de Valladolid veintidós términos municipales adscritos a esta región natural, que se extiende por el extremo suroccidental de la provincia. Esta comarca ocupa un territorio situado principalmente al sur del Duero y vertebrado por los ríos Hornija -al norte de la gran arteria fluvial, en tránsito por Villalar de los Comuneros, Pedrosa del Rey y San Román de Hornija-, Trabancos y Zapardiel -en el tramo final, que riega tierras de Rueda y Tordesillas-. La riqueza histórica, patrimonial y natural de esta comarca es proverbial. Villalar de los Comuneros lleva el sello de la Historia, desde que en sus campas se riñera la batalla que sofocó la revuelta Comunera. Tordesillas, Alaejos y Nava del Rey aportan brillantes esencias de los años del Renacimiento vallisoletano. Serrada, La Seca y Rueda han unido su nombre al de los mejores vinos blancos. Las Riberas del Duero, en Castronuño, ofrecen al naturalista el privilegio de un paseo por un auténtico vivero de aves acuáticas a la vera del embalse de San José.

Imagen nocturna en el término de Cogeces del Monte.

El aspecto actual del castillo es el resultado de más de siglo y medio de reformas
| *AITOR GUTIÉRREZ COSGAYA.*

lgunas etnias primitivas poblaron un castro indígena ubicado en la plaza donde hoy se alza esta fortificación. Tras su romanización, el enclave pasó a denominarse *Portellum*, voz de la que deriva el actual nombre de la localidad[1]. La villa de Portillo aparece citada en las crónicas que narran las incursiones de las huestes musulmanas en territorio de Castilla antes del final del primer milenio. Su posición estratégica en el tránsito entre Valladolid y Segovia y la prosperidad que alcanzó trajeron a su castillo un conjunto de notables titulares.

APUNTE HISTÓRICO

Los orígenes de esta fortificación aparecen envueltos en una nebulosa historiográfica. Las fuentes documentales no ofrecen datos sobre su existencia hasta 1371, cuando Enrique II interviene para modificar el testamento del infante Tello de Castilla, hijo natural de Alfonso XI, señalando que la posesión de la villa y su fortaleza debía pasar a uno solo de sus hijos, en contra de la asignación mancomunada que había dispuesto el testador. El citado infante pudo ser quien construyese el primer castillo. No obstante, otros autores señalan la posibilidad de que hunda sus raíces en tiempos mucho más remotos, relacionados, incluso, con la presencia de tropas árabes en tierras cercanas durante el siglo X.

El edificio encadenará una frenética sucesión de transmisiones y tenencias. Las fuentes citan una entrega de Enrique II a la casa de Medina Sidonia en 1378 y su posterior retorno al realengo. En 1409 el castillo se integra en la dote de una hija de Enrique III, la infanta María, quien lo transmitirá a su hermano el monarca Juan II en 1415. En 1423 la fortaleza había pasado a manos de Diego Gómez de Sandoval. En 1438 aparece documentada la titularidad de Ruy Díaz de Mendoza, y diez años después del condestable de Castilla y valido de Juan I don Álvaro de Luna, quien ordena elevar la torre y edificar algunas estancias palaciegas en 1454. Durante el reinado de Enrique IV el castillo aparece en manos de Juan Pacheco, pasando en 1465 a ser propiedad de Rodrigo Alonso de Pimentel, conde de Benavente. Este ordena construir una barrera defensiva y completa la edificación de las estancias del patio interior, incluidas algunas subterráneas; también se debe a su impulso la excavación del extraordinario pozo de más de treinta metros de profun-

Patio de armas del castillo de Portillo.

PORTILLO

El histólogo Pío del Río Hortega, natural de la villa, donó el castillo a la Universidad de Valladolid a su fallecimiento, en 1945.

didad, una asombrosa muestra arquitectónica. El castillo pertenecerá a la saga condal de Benavente hasta el siglo XIX, cuando la titularidad recae en la casa de Osuna. El renombrado histólogo don Pío del Río Hortega, que era natural de la villa, adquirió el castillo y lo donó, a su fallecimiento en 1945, a la Universidad de Valladolid, actual propietaria.

RASGOS ARQUITECTÓNICOS

Para alcanzar su configuración actual, el conjunto fortificado ha sufrido un complejo proceso de transformación mediante adiciones y reformas a lo largo de más de siglo y medio. Un angosto corredor se interpone entre la muralla exterior y el recinto interior, edificación reveladora de influencias de la estilística gótica que se atribuye al infante don Tello. Al emprender las obras para conferir al castillo un carácter más defensivo, Rodrigo Alonso desmanteló algunas partes del recinto palaciego. A pesar de las sucesivas reformas, el edificio deja ver su adscripción a las pautas de la Escuela de Valladolid. Su aspecto adusto, que no le priva de armonía y elegancia, se ve aliviado por la presencia de ciertas concesiones ornamentales, como garitones y troneras, y la hilada de ménsulas que en su día soportaban el parapeto volado que recorría el perfil superior.

El recinto exterior amurallado, de planta trapezoidal, se corona con almenas y aparece reforzado por cuatro gruesos cubos angulares –se arruinó el que señala el noreste-. Otras siete torres cilíndricas se distribuyen por los paños -sendos pares de ellas protegen cada una de las dos puertas de acceso-. La entrada orientada al mediodía lleva arco de medio punto rebajado, sobre el que hubo un gran escudo, hoy perdido, y una defensa amatacanada. En toda esta defensa exterior aparecen aspilleras y troneras de bola y cruz.

La planta del recinto interior es cuadrada y muestra tres torres angulares y otra del homenaje, que divide sus veintiocho metros de altura en cuatro niveles.

La planta inferior -que lleva el nombre de don Álvaro de Luna, por cuanto se presume que el condestable estuvo encerrado como prisionero en esta estancia- es de planta cuadrada, con un lado de siete metros y una altura de ocho. Se cubre con bóveda de sillería, de perfil apuntado, reforzada con dos arcos fajones. Esta habitación presenta una abertura de comunicación que conduce a una escalera de caracol y una ventana con derrame, características propias de una prisión.

En la entreplanta fue habilitada una estancia que tenía por objeto comunicar con el prisionero mediante un acceso escalonado protegido con trampilla de madera. Su altura alcanza tres metros y toma luces a través de una ventana aspillerada.

El piso inmediatamente superior tiene una altura de seis metros y medio y se ilumina a través de ventana abierta en el muro septentrional. A

Acceso meridional.

Escudos en dintel. Abajo, torrecilla volada.

183

El pozo del patio interior, de más de treinta metros de profundidad, es uno de los elementos más llamativos e interesantes del castillo.

ella se accedía desde el adarve y estaba comunicada con el piso superior mediante escalera de caracol practicada en el propio muro.

La planta noble, en el nivel superior, posee una altura de nueve metros y se techa con bóveda de cru-

Intradós de bóveda de la torre del homenaje.

cería provista de clave; en los arranques de los arcos se instalaron cuatro escudos, de los que únicamente ha pervivido uno. Abre una ventana en cada muro -en sus respectivos dinteles aparecen tallados tres escudos-. Esta sala comunica con la cubierta construida a cuatro aguas, en la que se habilitó un estrecho pasillo de ronda para los centinelas. Recientemente ha sido techada con una cubierta piramidal de teja que preserva a la torre de las humedades y otras inclemencias meteorológicas.

De las edificaciones erigidas en el patio interior apenas queda un muro divisor y una arquería con sabor palacial. Sin duda, uno de los elementos más interesantes del conjunto es el fantástico pozo, de más de treinta metros de profundidad y ciento veinte centímetros de diámetro. En torno a su perfecto interior cilíndrico se instaló una escalera de caracol que permite descender hasta su base. En los niveles situados a trece, veinticuatro y veintinueve metros de profundidad se habilitaron tres singulares cámaras, cuya utilidad ha generado polémica. Alguna teoría propone que tenían por finalidad el almacenamiento de pólvora –la humedad impediría su explosión–, mientras otras piensan en la guarda de alimentos o en una finalidad de escucha para detectar ataques mediante zapa.

ESTADO DE CONSERVACIÓN

Las obras de restauración han consolidado diversas partes de ambos recintos. Por desgracia se perdieron estancias del patio interior, ya que el castillo fue utilizado como cantera y sufrió rapiña de materiales que no se han podido recuperar. Al menos conserva en buen estado su fantástica torre del homenaje, atractivo suficiente para una apasionante visita.

VISITA Y ACTIVIDADES

Se puede visitar, con sujeción a horario y tarifa de entrada[2], tanto el patio como el interior de la torre del homenaje. Además, es posible realizar un sugestivo «viaje a las entrañas del subsuelo» a través de la escalera de caracol que desciende hasta la base del pozo. No dejará indiferente al visitante.

Bóveda de la planta baja de la torre del homenaje.

ÍSCAR

Vista del castillo de Íscar y su entorno | *CORTESÍA DE ISRAEL BUSTAMANTE MARTÍN.*

El emplazamiento donde se ubica la villa de Íscar estuvo ocupado por huestes y pobladores del imperio romano. Su nombre se relaciona con la localidad de Ipsca, que aparece mencionada en aquella época.

APUNTE HISTÓRICO

Los orígenes del castillo son inciertos. Las crónicas altomedievales dan a entender que en el siglo X se había edificado una fortaleza, que habría resultado derruida por las irrupciones musulmanas en tierras castellanas registradas en la primera mitad de dicha centuria. Una crónica de Abderramán III reseña que en el año 939 las tropas del califa destruyen la fortaleza de Hisn Iskar tras encontrarla desocupada.

Hacia 1086, Alfonso VI ordenó la repoblación de la plaza, aunque existe discordancia en las fuentes a la hora de determinar quién recibió tal encargo. Algunos tratados señalan a Alvar Fáñez[1], mientras otros hablan del conde Martín Alonso, vinculado familiarmente a Pero Ansúrez, (re)fundador de Valladolid.

A comienzos del siglo XIII aparece como titular de la villa don Álvaro Núñez de Lara. A estos años deben corresponder las partes más antiguas del conjunto: muralla, una torre del homenaje dividida en cuatro alturas con techos de madera y el foso excavado en la roca. Íscar vivirá una etapa de constantes pugnas por su dominio que mantienen los señores de las casas de Lara y Haro con la realeza. Así, la fortaleza pasa por las manos de Fernando III y retorna al linaje de los Haro. Sancho IV ordena acabar con la vida de don Lope Díaz de Haro. Tras diversos turbios acuerdos suscritos con Diego López de Haro, la titula-ridad del castillo recalará en Juan Núñez de Lara. Fallecido este sin descendencia, la fortaleza retorna a los nietos de Diego López de Haro.

Un periodo de relativa estabilidad llegará en 1371, cuando Enrique II conceda merced al señor de Avellaneda y Haza don Juan González de Avellaneda, de modo que la villa de «... *Yscar, con todas sus tenencias et con sus fueros e usos e costumbres ... con su fortaleza e todas sus aldeas e términos e pertenencias...*» queda bajo titularidad señorial.

El castillo de Íscar posee elementos de tres fases constructivas diferentes.

187

ÍSCAR

Más tarde pasará al matrimonio formado por el conde de Miranda del Castañar, don Diego López de Zúñiga[2] y María Ochoa de Avellaneda. En ese periodo el castillo será escenario de un suceso rocambolesco, ya que don Diego López de Zúñiga alojaba en él, como manceba, a doña María de Sandoval. Los descendientes de ambos veían con particular desagrado esta relación y el conde de Treviño, hijo de María de Sandoval, solicitó permiso al rey Enrique IV para atacar el castillo y poner fin a esta *infamia*. Ayudado por las tropas del marqués de Santillana, del duque de Alburquerque y de don Pedro de Velasco, asaltó la fortaleza, prendió a su madre y la apartó de la villa. No obstante, María de Sandoval retomará su relación con Diego López de Zúñiga y, al fallecimiento de la esposa de este, los dos contraerán matrimonio.

Pedro de Zúñiga y Avellaneda, hijo de Diego López y de su primera esposa, contrajo matrimonio con Catalina Velasco y Mendoza. Diversas fuentes señalan que se debe a este matrimonio el impulso, a partir de 1478, de las obras de consolidación que posibilitaron el mantenimiento del núcleo central del edificio. Así parece indicarlo la instalación, en el espolón suroccidental de la torre del homenaje, de los escudos de los segundos condes de Miranda -Zúñiga y Avellaneda por parte de don Pedro y Velasco y Mendoza por doña Catalina-. La inconsistencia de lo edificado motivó una profunda reforma interior, efectuada a comienzos del siglo XVI. El linaje perdería más tarde la titularidad, que pasaría a manos privadas hasta su adquisición por el Ayuntamiento de Íscar.

RASGOS ARQUITECTÓNICOS

El conjunto combina cerca amurallada con un recinto interior compuesto y complejo. La planta de la barrera exterior es oblonga, mientras el recinto interior tiene forma de pentágono cuyo lado nororiental dibuja un perfil *polilobulado*, debido al sistema de cinco torres defensivas adosado al cuerpo central.

Su fábrica muestra elementos de tres periodos bien diferenciados. La parte más antigua -posiblemente del siglo XIII- son algunos fragmentos de muralla situados al norte y noreste y el cuerpo central de la primitiva torre del homenaje, de planta cuadrada y muros muy gruesos.

En el siglo XV se rehace el cubo septentrional y se crea la barrera suroccidental provista de cuatro potentes torres. Pero la alteración más sustantiva de esta segunda etapa es la profunda modificación que experimenta la torre del homenaje, a la que se añade un antecuerpo de refuerzo, como agudo espolón, que se flanquea por dos esbeltas torrecillas, a modo de alta barrera defensiva. Hacia naciente se erigió un sistema defensivo compuesto por cinco torres -una más en el paño orientado al noreste- que, a primera vista, confiere al recinto interno una sugerencia de «perfil triabsidado». Esta singular *barrera de torres* hacía las veces de

Angosta escalera en el interior de la torre del homenaje.

antepuerta y organizaba el acceso al homenaje mediante puente levadizo. Se instaló, asimismo, una bóveda de crucería para techar el torreón. Esta etapa, datada entre 1478 y 1493, es la que se atribuye al impulso de Pedro de Zúñiga y Catalina Velasco.

Una tercera fase edilicia se desarrolla en la primera mitad del siglo XVI. Era preciso reforzar diversos puntos del edificio y se procede a reconstruir el grueso cubo de naciente de la muralla exterior, se sustituye el muro meridional y se instala una espectacular y gruesa columna para soportar el peso de la bóveda instalada en el anterior ciclo de reformas.

Los muestreos arqueológicos desvelaron vestigios de algunas estancias palaciales y una galería porticada. La torre del homenaje permite al visitante ingresar en un espléndido universo arquitectónico, por el que se asciende a través de angosta escalera embutida en los muros, que va descubriendo sucesivas estancias dotadas de una atmósfera secular.

ESTADO DE CONSERVACIÓN

El edificio, con problemas de asentamiento y consistencia desde fechas próximas a su construcción, ha conservado el núcleo central, en torno a la espléndida torre del homenaje. Los expertos señalan que cada reforma histórica acometida para solidificar el conjunto añadía más problemas que soluciones. La pésima traba con que se resolvió alguna de las obras que pretendían subsanar sus deficiencias puso a la edificación en situación de jaque permanente. El recinto amurallado resultó arruinado, quedando sólo en pie algunos cubos *semidescompuestos* y dispersos. El Ayuntamiento de Íscar ha impulsado obras de recuperación[3] para posibilitar su visita y aprovechar este marco histórico para el desarrollo de actividades culturales y educativas. No obstante, a pesar de esas obras de mantenimiento, el edificio conserva una destacada integridad arquitectónica, de modo que la mayor parte de cuanto ha llegado hasta nosotros responde, sustancialmente, a la obra edificada en sus albores medievales. Desde esta perspectiva, el castillo goza de una vitola de destacada autenticidad.

Bóveda de crucería en la torre del homenaje.

VISITA Y ACTIVIDADES

El consistorio iscariense ha hecho un gran esfuerzo para aprovechar su potencial turístico y para el desarrollo de actividades culturales. Alguno de sus proyectos persigue involucrar a los más jóvenes en la responsabilidad de conservar y valorar la riqueza patrimonial que supone una muestra de arquitectura histórica de tan extraordinario valor[4]. Además, es escenario para la instalación de exposiciones temporales y se han mantenido algunas tradiciones o celebraciones populares que tenían al castillo como escenario. En el patio interior se instaló un establecimiento hostelero abierto al público, circunstancia que permite visitar el recinto exterior dentro de su horario de apertura[5]. Se pueden realizar visitas guiadas a la torre del homenaje, con cita previamente concertada[6]. Pueden convenirse con la Oficina de Turismo municipal visitas para grupos y las actividades del programa Construye y defiende tu castillo[7].

MEDINA DEL CAMPO

Castillo de La Mota, fortaleza emblemática de Medina del Campo.

Son inciertos los orígenes tanto de la villa como de su castillo. La mota donde hoy se alza el castillo de Medina fue, según todos los indicios, el enclave a partir del cual la plaza inició su desarrollo urbano. Este lugar debió protegerse con algún tipo de elemento defensivo, sobre el que más tarde se edificaría la actual fortaleza. Fue Medina, su propio nombre lo delata, ocupada por las huestes musulmanas. Las fuentes historiográficas[1] narran que Alfonso VI encomendó a Alvar Fáñez dirigir su *reconquista*, empren-

diendo una campaña que supuso la derrota de la tropa de Alfagio, rey agareno de Denia. Sería el ilustre personaje loado en el *Cantar del Mío Cid* quien asumiese, asimismo, la tarea de repoblar la localidad. Alfonso VIII donó, en concepto de arras y entre otras propiedades, la villa de Medina del Campo a doña Leonor, hija de Enrique II de Inglaterra, al contraer matrimonio con ella en 1170. La relación de monarcas cuya presencia en la villa está documentada es amplísima: doña Berenguela de Castilla, Fernando III, Alfonso X, Sancho IV, Alfonso

XI, Fernando I de Portugal, Blanca de Borbón y un amplísimo etcétera, que culmina con las relevantes figuras de Isabel I de Castilla y Fernando II de Aragón. Medina, además, fue plaza estratégica en la Guerra de las Comunidades. En el siglo XV instaura en su solar una Feria General del Reino que no solo conferirá riqueza a la villa, sino que situará su nombre en los anales de la más importante tradición mercantil. Fue sede de cortes y de la Real Chancillería durante el periodo de capitalidad de Valladolid en tiempos de Felipe III. Una historia, en definitiva, cargada de acontecimientos trascendentales que ha dejado notables huellas patrimoniales, expresivas de su relevancia.

APUNTE HISTÓRICO

Las fuentes no permiten conocer los orígenes de la fortaleza, pero hay consenso entre los historiadores a la hora de aceptar que debió ubicarse en la mota que hoy ocupa el castillo una vetusta fortificación de fecha remota, sobre la que se alzaron obras posteriores.

El castillo de Medina del Campo ha experimentado una compleja sucesión de fases constructivas. Los componentes de mayor antigüedad -algunos paños bajos de los muros

Galería alta del patio de armas del castillo de La Mota.

del recinto interno- deben corresponder al periodo en que se repuebla la villa, entre los siglos XI y XII. El tramo inferior de algunas torres puede datarse en los siglos XIII y XIV.

En 1390 Juan I dona la villa a su hijo, el infante don Fernando de Antequera -futuro Fernando I de Aragón-, a cuyo fallecimiento su tercer hijo, Juan -que también reinaría en Aragón-, recibe el castillo y realiza algunas obras en él, documentadas en 1433. Comienza entonces un proceso de luchas entre Juan II y los infantes de Aragón, que motivan ciertas intervenciones en el castillo orientadas a mejorar su seguridad.

La batalla de Olmedo marca un punto de inflexión y el castillo queda definitivamente en manos de la realeza. Juan II ordena su reforma y pone al frente de la fábrica a Fernando Carreño. En 1460 Enrique IV ordena la elevación de una torre monumental sobre base iniciada bajo reinado de su padre, Juan II. La fortaleza pasará a manos del arzobispo de Sevilla, Alonso Fonseca, hasta su fallecimiento en 1473. Acosado por los medinenses, un sobrino del difunto arzobispo acuerda entregar la fortaleza al duque de Alba en 1475. Los Reyes Católicos reclamarán el castillo y en 1479 nombran a Alonso Niño obrero mayor para la construcción de la barbacana exterior, preparada ya para los nuevos usos artilleros.

Durante el episodio de las Comunidades, Medina experimenta una situación compleja. La villa es encendida partidaria de la revuelta, mientras la fortaleza permanece fiel a la corona. Pese a las propuestas comuneras para derribarla, esta permaneció incólume y se salvó de las pretensiones más exaltadas.

La fortaleza dejó de ser residencia real en los primeros años del siglo XVI para adquirir otros usos, como archivo documental y prisión. Entre sus muros permanecieron encerrados un hijo del rey Fadrique de Nápoles, Hernando Pizarro, César Borgia, Diego Hurtado de Mendoza o Rodrigo Calderón, entre otros nombres asiduos de los libros de Historia.

En 1646 el edificio amenazaba ruina y el alcaide de la fortaleza, don Pedro de Briciano Vicentelo, tuvo que encargar al maestro de obras Manuel de Vega diversos trabajos de mantenimiento. Una nueva inspección del edificio aparece documentada en 1774 a instancia del marqués de Esquilache, a quien se informa del pésimo estado de la contraescarpa del foso, ahora accesible. A comienzos del XIX el castillo mostraba los posibles efectos de la Guerra de la Independencia, que dio al traste con una de las torres de la barrera. Las fuentes documentales señalan que en el primer cuarto del siglo XX se reconstruyeron almenas y parapetos y se reacondicionaron adarves y torres, bajo supervisión del arquitecto don Teodosio Torres. Hacia 1917 el Ministerio de Instrucción Pública y Bellas Artes encargó a Juan Agapito y Revilla la reparación

Torre del homenaje, con casi cuarenta metros de altura.

FOTO AITOR GUTIÉRREZ COSGAYA.

Vista exterior del impresionante castillo de Medina del Campo, fortaleza en la que destaca el ladrillo como elemento constructivo esencial.

de algunos componentes arquitectónicos debilitados. En 1939 se entrega el edificio a la Sección Femenina de Falange, que encarga obras de recuperación al arquitecto Francisco Íñiguez Almerch[2], bajo dirección artística del marqués de Lozoya. En la actualidad, la titularidad corresponde a la Junta de Castilla y león.

RASGOS ARQUITECTÓNICOS

Una antigua muralla rodeaba la población primitiva, erigida sobre la mota de la que toma su nombre el castillo durante el proceso de repoblación. Esa muralla fue ampliada y reforzada en los siglos XIII y principios del XIV y de ella se aprovecharon algunos fragmentos de los paños meridionales como parte baja de muros (barrera del s. XII) y de las torres bajas (ss. XIII-XIV) del recinto interno. A partir de este punto, comienza un muy complejo proceso

de adiciones y restauraciones que explica el estado actual.

Sin duda, el rasgo que configura de manera más concluyente la personalidad arquitectónica del castillo es el empleo de ladrillo en su fábrica –que reviste los muros de hormigón–. Revela influencias de esa difusa categoría artístico-estilística conocida como mudéjar. Existe constancia, a través de *partidas de descargo* datadas entre 1480 y 1489 *«de la intervención de dos alarifes moros maestre Abdalla y Alí de Lerma»*[3].

El conjunto es rodeado por un profundo foso, en cuyo interior se encierra un doble recinto de planta trapezoidal irregular. El primer recinto está constituido por una barrera exterior sólida y con base en alambor, protegida por siete torres de planta circular con singular base troncocónica que se distribuyen por su perímetro. Un potente cubo situado al suroeste tiene disposición algo avanzada, con aspiración de torre albarrana si bien no completamente separada, y conecta por estrecho pasillo con el resto de la cerca. El cuerpo de acceso habilita un discreto baluarte defensivo del que parte el puente levadizo hacia dos robustos cubos que protegen la puerta de acceso al espacio que rodea el recinto interior. Este complejo sistema incorpora un patinillo defensivo, una sala abovedada inferior y una impresionante mazmorra subterránea. Para salvar el foso se instaló un puente levadizo dispuesto para bascular sobre un robusto arco diafragma de vano semicircular.

En los tramos medios de los paños de esta barrera se edificaron torrecillas incompletas que mueren en el alambor. Los cubos de la cerca exterior habilitan aspilleras y troneras de bola y cruz, caladas en placas pétreas, para uso de armas artilleras. Todo este recinto se remata con corona almenada y es recorrido por el correspondiente paseo de ronda.

El recinto interior reproduce, de manera aproximada, la silueta del exterior. Culmina con almenas y se refuerza con dos torrecillas semicirculares edificadas en el muro noroccidental y un conjunto de cuatro potentes torreones de base rectangular que recorren su perímetro. La contundente torre del homenaje, que alcanza cerca de cuarenta metros de altura –aun debió alzar más su espectacular estampa, pues tuvo un *caballero*[4] del que se ha conservado algún fragmento–, se instaló en

Escalera de honor.

Salón de honor.

Reproducción de la estancia de la reina Isabel la Católica.

Portada del patio de armas.

el ángulo septentrional. Tiene base cuadrada –más de trece metros de lado– y se corona con un airoso conjunto defensivo compuesto por ocho garitones y almenado sobre matacán –el apoyo sobre ménsulas de piedra albina contrasta vivamente con la coloración bermeja de la fábrica de la torre–. A esta torre se accede desde la galería superior del patio a través de una elegantísima *escalera de honor*, de estilo gótico-flamígero[5]. En la actualidad, distribuye su interior en cinco estancias dispuestas en altura y comunicadas por escalera interior.

La *escalera de honor* da acceso al *salón del honor*, decorado con yeserías y mobiliario de época. Junto a él se habilitó el denominado mirador o peinador de la reina. Se muestra también una reproducción de la estancia-dormitorio de Isabel *la Católica*. La planta del cuarto nivel convierte su base cuadrada en octogonal mediante trompas y se remata con una solución poligonal de dieciséis lados. El piso superior también está techado con bóveda y transforma su base cuadrada en octogonal sirviéndose de pechinas.

Un amplio patio interior porticado -dos alturas, tres crujías- distribuye, en su entorno, las estancias del castillo. El marqués de Lozoya impulsó la reproducción en el patio de armas de la portada del hospital madrileño de La Latina[6], con puerta de arco apuntado e insinuación de herradura, grandes dovelas y decoración de bolas y figurillas. Sobre la puerta se instalaron sendos escudos y tallas que representan la escena del *abrazo de san Joaquín y santa Ana* -en el centro- y dos santos, todo ello bajo doseletes. Un alfiz doble, decorado con sogueado, rodea toda la portada, incluida la ventana alta.

En el vestíbulo se ha reproducido la carta de Juan de la Cosa que obra en el Museo Naval de Madrid. La capilla se dedica a la advocación de Santa María del Castillo y muestra caracteres similares a los del románico-mudéjar. La cabecera se ornamenta con un retablo que integra bajorrelieves de motivos hagiográficos y un Cristo de marfil, mientras en los brazos del crucero se exhiben un tríptico flamenco y una talla de Santa Teresa datada en el siglo XVII y atribuida al taller de Gregorio Fernández; a los pies se instaló una tabla fechada en el s. XV.

ESTADO DE CONSERVACIÓN

Se conserva completo y totalmente restaurado.

Capilla del castillo.

VISITA Y ACTIVIDADES

La Junta de Castilla y León destina el edificio a sede de congresos y seminarios, estando incluso acondicionado para alojamiento de los participantes y usos turísticos. Se puede visitar su interior con sujeción a horario y tarifa; la visita sin guía del exterior, liza y planta baja (que incluye patio de armas, sala de Juan de la Cosa y capilla) es, al presente, gratuita. Se han habilitado visitas guiadas -requieren reserva y están sujetas a tarifa- que incluyen el yacimiento arqueológico de la Edad del Hierro, la muralla de Repoblación, exteriores del edificio, liza, galería subterránea de tiro, patio de armas y capilla (excluida visita a la torre del homenaje). También se pueden concertar visitas a la torre del homenaje, sujetas a tarifa y con aceptación de normas de visita. Para grupos de más de veinticinco personas se pueden concertar visitas guiadas en inglés, francés, italiano o alemán, con tarifa especial. Deben consultarse horarios -y, en su caso, tarifas- antes de realizar la visita[7]. Los horarios de visita al castillo son diferentes de aquellos otros habilitados para acceder al Centro de Recepción de Visitantes y yacimientos arqueológicos.

OLMEDO

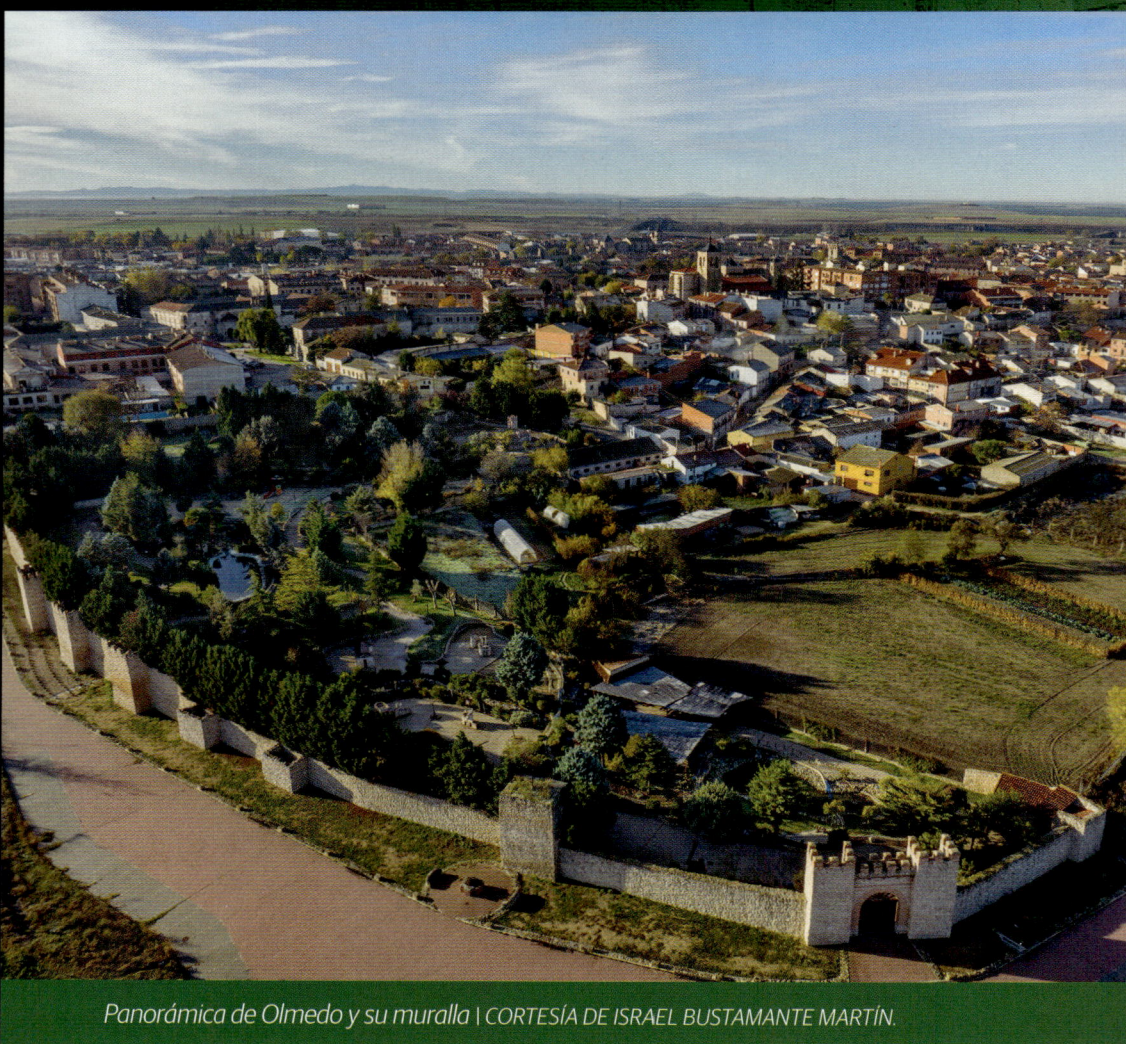

Panorámica de Olmedo y su muralla | *CORTESÍA DE ISRAEL BUSTAMANTE MARTÍN.*

Olmedo ha conservado una parte significativa de su vieja muralla. La cerca de Santa María -nombre con el que se conoce tradicionalmente a su muralla- respeta los cánones elementales de aquellas fortificaciones que se edificaron en el siglo XI en las Comunidades de Villa y Tierra, caracterizadas por su reducida dimensión, su perfil ovalado y la presencia, para defensa, de torres de planta cuadrada incrustadas en sus paños. Su fábrica se nutre de mampostería y ladrillo.

Se mantienen en pie dos de sus accesos, el remozado Arco de la Villa y la puerta de San Miguel. Cuando Juan Ortega Rubio visita la plaza en julio de 1891, *«Olmedo conserva dos terceras partes de sus antiguos muros,*

Muralla de Olmedo, tradicionalmente conocida como cerca de Santa María.

coronados de almenas y flanqueados de torreones de distintas formas»[1]. Persistían aún cinco de sus siete puertas: Arco de la Villa, San Miguel, San Martín, de la Vega y San Pedro, pues únicamente se habían derruido las de San Francisco y San Juan.

La muralla fue utilizada como cantera durante un largo periodo, lo que motivó la desaparición de diferentes fragmentos, fundamentalmente en el norte y hacia naciente, donde se hallan las partes más castigadas por la rapiña.

Arco de San Miguel, uno de los accesos originales de la muralla que se ha conservado hasta nuestros días.

FUENTE EL SOL

Castillo de Fuente el Sol, obra del siglo XV | *AITOR GUTIERREZ COSGAYA.*

La villa de Fuente el Sol pasaría inadvertida para los tratados de Historia de no ser por un hecho que le confirió cierto protagonismo. Fernando I de Aragón premió la fidelidad de su camarero Álvaro de Ávila donándole esta población en 1413. Su hijo Álvaro de Bracamonte recibió la villa por vía testamentaria y, tras emparentar con la poderosa familia Álvarez de Toledo, decidió construir el castillo que hoy se alza, pasto de la nostalgia y de la decaden-

cia y acosado por un cercado ganadero, extramuros de la población.

Se atribuye a don Álvaro de Bracamonte –quien adoptó el apellido materno, no obstante ser hijo de Álvaro de Ávila– la construcción del castillo, que debió iniciarse hacia 1470. Para ello se sirvió de su cargo de regidor de las cercanas e importantes localidades de Medina del Campo y Arévalo, exigiendo a sus vecinos la prestación forzosa de mano de obra. Su familia cognaticia asumió la financiación. A su fallecimiento, el edificio pasó a su primogénito Juan de Bracamonte.

El castillo muestra gran simplicidad de formas arquitectónicas. Proyecta planta rectangular con cubos angulares, que en el cantón septentrional son sustituidos por la torre del homenaje. Se adivinan en su traza los postulados de la Escuela de Valladolid, que triunfó en el siglo XV, si bien el decrecimiento de sus proporciones originales camufla esta tipología. La torre del homenaje resultó desmochada y perdió altura. Su estancia superior desapareció como consecuencia de la rapiña de materiales y también han sufrido notable merma los muros. Algunas fuentes señalan que padeció importantes daños durante la Guerra de las Comunidades. Al parecer, este castillo fue utilizado ocasionalmente por Isabel I de Castilla como estación intermedia de descanso en sus viajes entre Madrigal de las Altas Torres y Medina del Campo.

Fue edificado con sillarejo de talla irregular. Sólo los refuerzos angulares de la torre del homenaje se componen con sólida sillería. El tránsito entre la torre y el patio de armas se verifica a través de un vano encintado con arco conopial. El conjunto se protegía con foso, una de cuyas partes fue tallada sobre roca.

El acceso al interior se realizaba a través de puerta con vano de medio punto, que muestra grandes dovelas y se remata con vierteaguas.

El recinto interno terminó convertido en cementerio municipal. El patente desmochamiento de su torre del homenaje, de propiedad particular, y los pobres materiales constructivos, confieren al exterior del conjunto un aspecto algo decadente[1].

Alaejos edificó un castillo en su solar en 1453 a instancia de Alonso de Fonseca, obispo de Ávila. Ralos restos han sobrevivido del castillo de los Fonseca, que debió alcanzar un porte notable.

Alcazarén encuentra explicación para su nombre en un pretendido origen árabe de una expresión que significaría «dos alcázares». Ningún resto queda de aquella hipotética fortificación.

Ataquines albergó un pequeño castillo medieval sobre cuyos cimientos se alzó la torre de San Juan Bautista[1].

Bocigas vio desaparecer su castillo, arrasado a comienzos del siglo XV. Está documentado en 1411 con Juan González de Avellaneda como titular.

Carpio pudo poseer, si atendemos a la tradición local, una torre relacionada con la invasión árabe. De la toponimia del paraje de Castillejos se ha querido extraer, asimismo, indicio de la remota existencia de algún tipo de fortificación.

Castronuño tuvo un castillo –citado en las fuentes como La Muela– con notable protagonismo durante los reinados de Juan II y Enrique IV. La

Antigua muralla de La Mota, en Medina del Campo.

villa se resistió a ser entregada a Fernando *el Católico* y fue arrasada por sus propios habitantes en el último tramo del siglo XV. Sus restos se reutilizaron en la fábrica de la ermita de la Muela y, en parte, de la iglesia de Santa María del Castillo.

Foncastín reprodujo, a pequeña escala y en ladrillo, el castillo de La Mota. Edwar Cooper tan solo apreció la existencia de *«un melancólico cubo»* que *«defendía probablemente el ángulo de un recinto rectangular»*[(2)].

La Cistérniga conserva en la dehesa Fuentes de Duero un torreón de planta rectangular que perdió su presumible remate almenado. Se apuesta por su edificación en el s. XV. Es de propiedad privada.

Muriel de Zapardiel erigió junto al solar que hoy ocupa la iglesia de Santa María del Castillo una torre que debió tener funciones de vigilancia. Algunas fuentes hablan también de *«restos de muros que se ven por algunas partes»*[(3)].

Olmedo, según destaca la tradición local, contó en tiempos pretéritos con sendas fortificaciones, una en el emplazamiento de la iglesia de Santa María del Castillo y otra, denomina-

Puerta de la antigua muralla de Portillo.

da fortaleza de San Silvestre, extramuros de la villa. Las dos se comunicaban por una galería subterránea[(4)].

Portillo ha inducido a los etimólogos a considerar una raíz romana, viendo en su denominación herencia del *Portellum* amurallado en el siglo XIII. De los accesos abiertos en aquella cerca fortificada únicamente han llegado hasta nosotros el denominado Arco Mayor o Postigo de Escuevas -una torre albarrana fabricada con sillería que abre un vano de perfil superior semicircular rematada con corona almenada sobre ménsulas; de la instalación de los dos escudos que portaba únicamente quedó el vestigio de sendos marcos a modo de alfiz- y el Arco Pequeño, una adusta puerta de medio punto.

Pozal de Gallinas dista unos dos kilómetros de los restos arruinados de una torre o castillo edificado con ladrillo y argamasa de cal y canto, de incierta datación.

Pozaldez apenas ha preservado, en un apartado campo agrícola, algunos desgastados vestigios -un pequeño muro se alza sobre ellos- de un castillo al que las fuentes historiográficas dejan huérfano de reseñas.

Ramiro alberga en su término restos de un poblamiento medieval asentado sobre el pago de El Torrejón, en cuya etimología podría verse el vestigio de una vieja torre fortificada.

Santibáñez de Valcorba tuvo castillo o casa fuerte erigido sobre un castro, al que las fuentes asignan una función relacionada con el pago de portazgo a Cuéllar. Algunos tratados proponen que *«en el lugar llamado El Castillo existen restos de murallas que parecen pertenecer a un castro de la segunda Edad del Hierro»*[5].

Siete Iglesias de Trabancos incluye en su término las localizaciones de Eván de Abajo y Eván de Arriba, que erigieron sendas fortificaciones en territorio fronterizo entre los reinos de León y Castilla durante los siglos XII y XIII. Se han conservado vestigios arruinados de sus muros, cuya fábrica interna fue consolidada con mortero de cal y canto.

Tordesillas, como corresponde a una villa de gran calado histórico, gozó de la protección de una muralla medieval que empleó en su fábrica piedra y ladrillo. Durante el reinado de Juan II el conde de Haro ordenó sellar algunas de sus puertas. Ortega Rubio llegó a contemplar cuatro puertas -de Valladolid, del Puente, del Mercado y Nueva- a finales del siglo XIX. De aquella cerca medieval han soportado los rigores del tiempo algunos fragmentos y una robusta

RESTOS Y EDIFICIOS DESAPARECIDOS

torre cuadrada que combina sillarejo y ladrillo, junto a la que se abre un portillo con arco apuntado bajo marco con sugerencia de alfiz.

Tudela de Duero edificó, reinando Alfonso X, una muralla que envolvía toda la villa. Conserva restos de una de las dos puertas de acceso y algunos paños.

Valbuena de Duero estuvo rodeada por una muralla, de la que únicamente se han conservado un arco con remate almenado, ahora flanqueado por la iglesia de Santa María la Mayor, y algunos restos engullidos por edificaciones posteriores.

Wamba se acuna en un valle rodeado de leves elevaciones, en una de las cuales, conocida como La Atalaya, se descubrieron unos cimientos que pudieran corresponder a una fortificación. Nada queda de aquella.

Restos de la vieja muralla de Tordesillas.

OTROS LUGARES DE INTERÉS

Alaejos deja ver, desde la lejanía, las espléndidas s luetas de sus dos templos de porte catedralicio. Ambos se alhajan con extraordinarios retablos. El de Santa María exhibe uno de tipo romanista –contratado en 1589– de cuya talla se encargó Esteban Jordán. San Pedro conserva dos retablos renacentistas, clasicista el mayor, con talla de Francisco Rincón, y plateresco el de la nave del Evangelio, de la primera mitad del siglo XVI.

Alcazarén destaca por su arquitectura románico-mudéjar. Su iglesia de Santiago Apóstol conserva, además de su cabecera absidiada, restos de pintura gótica realizada al fresco entre los siglos XIV y XV. Mayor monumentalidad ofrece la cabecera de San Pedro, un templo que libró su espléndida cabecera –datada en el siglo XIII, organiza, en altura, tres arquerías ciegas en ladrillo– de la amenaza de ruina con una restauración emprendida en 2005.

Almenara de Adaja ha creado, en las inmediaciones de su caserío y a caballo con el término de Puras, un interesante Museo de las Villas Romanas. En él se ofrece un audiovisual sobre la Hispania romana y la decadencia del imperio y se muestran diferentes maquetas y reproducciones de objetos relativos a las villas edificadas en este entorno.

Castronuño ofrece su interesante iglesia de raíz románica y el espléndido espacio de la Reserva Natural Riberas de Castronuño, con sendas que permiten una cómoda aproxi-

Peristilo en la villa recreada en el Museo de las Villas Romanas, en Almenara de Adaja.

Palacio del Almirante, en Medina del Campo.

mación a este enclave privilegiado, donde el visitante provisto de prismáticos descubrirá un variado catálogo de aves asociadas a los ecosistemas acuático y del bosque galería.

Medina del Campo reúne en su caserío una muestra bien granada de su extraordinaria relevancia histórica. En torno a la Plaza Mayor se agrupan motivos de gran interés, entre los que destacan la colegiata de San Antolín –con un cuerpo arquitectónico interior soberbio, rematado con espectaculares bóvedas de crucería y ornamentado en la cabecera con magnífico retablo mayor renacentista contratado en 1539 con Juan Rodríguez y Cornelis de Holanda y en el que se aprecia la mano de Juan Picardo– y el Palacio Real Testamentario, donde Isabel I de Castilla pasó los últimos momentos de su vida. Son muchos los edificios notables, como el hospital de Simón Ruiz, que cuenta con patio claustral de dos alturas e iglesia con retablo renacentista que incluye esculturas de Francisco de Rincón. Otros interesantes retablos renacentistas se exhiben en los templos dedicados a Santiago, San Miguel y Santo Tomás. Medina del Campo fue siempre tierra conventual, como acredita la aglomeración en su solar de instituciones religiosas femeninas: Santa Clara, Santa María Magdalena, San José y la Concepción; cada una tiene al servicio de sus respectivas comunidades iglesias ornamentadas con piezas de mérito y, ocasionalmente, soberbios artesonados. La arquitectura civil ofrece también muestras interesantes, como el palacio de las Dueñas –del s. XVI, con interesante patio porticado en dos alturas–, el edificio que alberga el consistorio –del s. XVII–, o las Reales Carnicerías, edificio datado hacia 1500 y en el que intervino Rodrigo Gil de Hontañón.

Mojados es otro de los *museos urbanos* del mudéjar. Su iglesia de Santa María, prototipo de templo mudéjar del s. XIV ofrece, además de su propio interés arquitectónico, un reta-

Llanto sobre Cristo muerto, obra situada en la iglesia de los Santos Juanes de Nava del Rey.

blo renacentista cuya predela señala la fecha de 1607. También muestra caracteres mudéjares la iglesia de San Juan, provista de ábside románico-mudéjar. Su cabecera alberga un buen retablo renacentista, cuya parte escultórica se ha atribuido a Pedro de la Cuadra y que debió concluirse hacia 1616.

Nava del Rey aporta al patrimonio comarcal su monumental templo dedicado a los Santos Juanes, edificado a partir del s. XVI con la intervención de Rodrigo Gil de Hontañón, quien se hizo cargo de las obras ya iniciadas. La escultura de su espectacular retablo mayor clasicista se ha vinculado con aquella primera etapa manierista que se reconoce en Gregorio Fernández. No es la única pieza de mérito, pues también podemos admirar las espléndidas tallas de los retablos del Bautismo de Cristo, de Cristo a la Columna, de San Antón y el de la capilla del Descendimiento –desbordante de ingenua belleza su *Llanto sobre Cristo muerto*–. Dignos de admiración son, entre otras bellezas, la capilla erigida por Juan Gil en el s. XVI con espléndida bóveda policromada, la sillería del coro labrada por Pedro de Gamboa y el órgano armado en el s. XVIII por Antonio Pérez.

Olmedo reúne atractivos suficientes para dedicar a la villa una detenida visita. El parque temático del mudéjar agrupa un interesante conjunto de reproducciones en miniatura de edificios que fueron fabricados siguiendo pautas de la estilística que da nombre al parque[1]. El palacio del Caballero de Olmedo habilita una exposición museística que se presenta como «*una experiencia sensorial y emocional a través de Castilla, de Olmedo y del Siglo de Oro, de la mano de Lope de Vega...*» (se pueden consultar horarios y tarifas en https://www.olmedo.es/palaciocaballero). La iglesia de San

Reproducción a escala de la iglesia de San Miguel, creación de Félix Arranz emplazada en el parque del mudéjar de Olmedo.

Museo del Tratado de Tordesillas.

Miguel conserva una airosa cabecera románica erigida en ladrillo, mientras en su interior, en planta soterrada, es digna de admirar la interesante cripta de la Virgen de la Soterra-ña. Del s. XV data la fábrica del cuerpo central de la iglesia de Santa María del Castillo, si bien conserva una portada de tipología románica. En su cabecera muestra un retablo renacentista atribuido a Gaspar de Tordesillas, quien debió intervenir en él hacia 1550. Cuenta, asimismo, con una sillería de coro traída del arruinado monasterio de la Mejorada y algunas piezas notables de orfebrería.

Tordesillas agrupa un interesantísimo catálogo de reclamos, capitaneados por el so-berbio Real Monasterio de Santa Clara –extraordinarios son el palacio de Pedro I, la organización residencial de tipo musulmán, su templo gótico con impresionante arma-dura mudéjar, portadas de innegable mérito y unos mágicos baños árabes–. El retablo renacentista de la capilla de los Alderete, que se exhibe en la iglesia-museo de San Antolín, es obra de gran mérito y extraordinaria belleza que, entre otros valores desta-cados, cuenta con la intervención en la escultura de Juan de Juni –y la ayuda auxiliar de su hijo Isaac–. Este museo exhibe otras obras de destacado interés, como un Cristo ya-cente de la escuela de Gregorio Fernández, una Inmaculada de Pedro de Mena o un se-pulcro tallado en alabastro por Gaspar de Tordesillas. Las Casas del Tratado acogen el Museo del Tratado de Tordesillas, que rememora el acuerdo suscrito en junio de 1494 por las coronas de España y Portugal. Gracias a este pacto, evitaron enfrentamientos derivados de la colisión de sus intereses colonizadores y establecieron los límites de conquista de ambos países, determinando que todo cuanto cada reino descubriere y aprehendiere, o hubiere descubierto y tomado con anterioridad, ya fueren tierras firmes o islas dentro del territorio asignado con arreglo a la línea divisoria consensuada, quedaría de su pacífica titularidad.

LENGUAJE HERÁLDICO

Un aspecto importante en el análisis de los edificios fortificados es el del *lenguaje heráldico*. El estudio de un escudo revela una insospechada complejidad, recibiendo cada sector y sus distintos componentes nombres expresivos:

- *Jefe:* faja que ocupa el tercio superior.
- *Abismo* o *corazón*: núcleo central.
- *Punta*: tercio inferior.
- *Flancos diestro* y *siniestro*: tercios laterales.
- *Puntos de honor*: área reservada para la representación de los aspectos de mayor dignidad. Pueden distinguirse:
  - *Punto de honor:* centro del eje que disocia el tercio superior.
  - *Ombligo:* parte media del eje que separa el tercio inferior.

A la izquierda, escudo de la familia Girón en la torre del homenaje del castillo de Peñafiel. En el centro, escudo de Gonzalo Franco de Guzmán y Brianda de Mendoza en el castillo de Villafuerte de Esgueva. A la derecha, armas de los linajes Velasco Mendoza Zúñiga y Avellaneda en el castillo de Íscar.

Los escudos que adornan las paredes de los edificios fortificados poseen tres elementos estructurales básicos:

- **Campo:** superficie de fondo del blasón.
- **Muebles:** *Piezas* y *figuras*. Armas o figuras que simbolizan a un determinado linaje y pueden ser de variada naturaleza: torres u otros componentes de la arquitectura militar, animales, motivos vegetales o geométricos... Las primeras, a su vez, se clasifican en *fundamentales* o *de primer orden* –punta, girón, cabría, bastón, jefe, banda, faja, bordura, cruz y cruz de San Andrés– y *de segundo orden* –entre las que destaca el ajedrezado o escaqueado–.
- **Ornamento periférico:** Recursos decorativos que orlan el escudo.

Escudos en la puerta de acceso del castillo de La Mota de Medina del Campo.

Las galas que coronan el escudo revelan también el rango o autoridad del titular. En algunas ocasiones se recurre a la *bordura* –orla ornamental– para establecer los signos identificativos de varios personajes pertenecientes a un mismo linaje. La unión de varias familias a través del matrimonio origina escudos compuestos, con los que los descendientes honran a las familias de origen. Para la inserción de los *muebles* propios de cada una de ellas se practicaba una división del *campo*, que podía ser *simple* –ya fuere vertical (que da origen al *campo partido*), horizontal (*campo cortado*) o en forma de cuña (*campo mantelado*)–, o *compuesto* –que da lugar al *cuartelado regular* (con disposición en campos rectangulares) o al *cuartelado diagonal* (que corta el campo en aspa)–.

Escudo del castillo de Encinas de Esgueva.

La armería femenina medieval revelaba el estado civil de su titular, pues si bien durante la época de soltería mantenía las armas heredadas, tras el matrimonio incorporaba las de la familia cognaticia.

La disposición en el muro de dos escudos contiguos permite determinar cuál de los linajes representados atesora mayor protagonismo en la edificación. En general, se reservaba el lugar de la izquierda –desde la perspectiva del observador– para el escudo del esposo titular de la fortificación. La alteración de este orden indica, habitualmente, que fue el linaje de la esposa quien contribuyó en mayor medida a costear la edificación o que las obras fueron terminadas por la viuda de quien las inició.

Imagen nocturna del castillo de Tiedra.

GLOSARIO

Abaluartado: Que adopta forma de baluarte.

Abocinado: Cualidad de un vano cuyo ancho aumenta o disminuye progresivamente.

Ábside: Elemento arquitectónico característico de la cabecera de un edificio, generalmente un templo, que suele tener forma semicircular y se cubre con bóveda.

Acitara (citara): Antepecho, pretil. Muro de poca altura edificado para evitar caídas.

Adarve: Pasillo o corredor defensivo de ronda, instalado en la parte superior de una muralla o tras el remate superior de los muros de una torre o castillo.

Agareno: Que profesa el islamismo.

Ajimez: Ventana provista de parteluz en el que se apoyan dos arcos gemelos.

Alambor: Paramento oblicuo con que se refuerza la base de un muro. Sirve para reforzar la seguridad de un edificio, al impedir que se aproximen al mismo arietes o torres móviles de asalto.

Alarife: Maestro de obras o ejecutor de las mismas.

Albardilla: Remate prismático de un cuerpo de almena.

Albarrana: Obra de fortificación -generalmente torre- situada fuera del recinto amurallado, que se comunica con éste mediante puentes o pasadizos fácilmente inutilizables en caso de toma por el asaltante.

Albacara (Albácar): Obra defensiva o recinto que se instalaba ante la puerta de las edificaciones fortificadas. Solía dedicarse a refugio de tropa o a estabulación del ganado en caso de asedio.

Alféizar: Derrame de la pared en el reborde de la ventana.

Alfiz: Moldura compuesta por tres lados de un cuadrado o rectángulo bajo la que se enmarcan arcos de ventanas y puertas. Muy común en las arquitecturas musulmana y mozárabe.

Aljibe: Depósito de agua, usualmente protegido bajo tierra.

Almena: Bloque de piedra que se instala en el remate alto de los muros de las torres y castillos para proteger a sus defensores. Su sucesión alineada confiere el característico aspecto quebrado o *dentado* de la corona de los edificios fortificados.

Antecuerpo: Parte saliente de la torre del homenaje. Habitualmente protege la puerta u otro elemento debilitado del recinto.

Antepecho: Muro bajo, protector de un balcón, terraza o elemento volado.

Aparejo: Sistema de disposición de los materiales empleados en la edificación de un muro.

Glosario

Arco: Cuerpo de sustentación instalado para descargar lateralmente los empujes que soporta. Puede adoptar diferentes formas:

    Adintelado: Provisto de intradós (ver voz) horizontal. Sus dovelas (ver voz) despiezan radialmente.

    Apuntado: Con dos tramos de circunferencia que confluyen formando ángulo en la clave (ver voz) y dibujando una ojiva.

    Carpanel: Resulta de unir tramos de tres circunferencias con distinto radio.

    Conopial: Con forma de quilla invertida.

    De descarga: El arco cegado que tiene por objeto soportar los empujes superiores. Generalmente se instala sobre un dintel.

    De herradura: *Ultra-semicircular*. Su flecha sobrepasa el radio de la circunferencia. Muy empleado en el arte visigodo, musulmán y mozárabe.

    De medio punto: El que dibuja media circunferencia.

    Deprimido rectilíneo: Formado por dos cuadrantes enlazados por un tramo horizontal.

    Escarzano: Arco rebajado que comprende un sexto de circunferencia.

    Lobulado: Formado por la agregación de lóbulos.

    Perpiaño: El que entalla la bóveda, en disposición transversal al eje de la nave.

    Rebajado: Aquel cuya flecha es menor que la mitad de su anchura.

Ariete: Instrumento de ataque consistente en un madero grueso con extremo reforzado para percutir sobre alguna defensa.

Asedio: Sitio de un edificio fortificado que impide el suministro de víveres y armas defensivas, orientado a forzar su rendición.

Aspillera: Saetera. Ventana muy estrecha abierta para la defensa con armas ligeras.

Atalaya: Torre para vigilancia.

Baluarte: Edificación pentagonal avanzada que se sitúa fuera de la fortificación y cubre las trayectorias de fuego de las construcciones gemelas.

Barbacana: Barrera externa y avanzada que protege un recinto fortificado.

Basa: Pieza de la columna donde apoya el fuste o pie derecho.

Bocel: Moldura.

Bóveda: Cubrimiento superior arqueado de espacios entre muros o pilares.

Buharda: Ladronera. Diminuto cubil cerrado y volado que se apoya sobre canes. Sirve para proteger su base desde los espacios abiertos que quedan entre las ménsulas que lo sustentan.

Buzón: Abertura con forma rectangular, que se derrama hacia el exterior, habilitada para el empleo de armas artilleras.

Caballero o **Torre caballera:** Elemento arquitectónico que se construye sobre el techado de otra torre de mayor empaque.

Canes: Piezas a modo de modillón o repisa de piedra que sobresalen del muro para dar apoyo a parapetos volados, balcones o ladroneras.

Cava: Foso.

Clave: Dovela (ver voz) central del arco o bóveda.

Contramina: Galería excavada para detectar minas.

Crujía: Espacio entre muros de carga.

Cubo: Torre de planta circular -a veces poligonal- que se intercala entre los muros de las fortificaciones.

Chapitel: Remate apuntado de una torre, generalmente cónico o piramidal.

Dintel: Pieza horizontal que se instala sobre las jambas de un vano.

Dovela: Cada una de las piedras acuñadas y de disposición radial que componen un arco.

Espolón: Protección con forma angular aguda que refuerza la base de una torre.

Flecha: Altura de un arco, desde la línea de impostas hasta la parte inferior de la clave.

Foso: Zanja ancha que se excava en torno a un castillo para favorecer su defensa -ocasionalmente puede aparecer llena de agua-.

Friso: Banda decorativa horizontal.

Fuste: Pie derecho de la columna, entre la basa y el capitel.

Garita: Cubil volado, para vigilancia u ornamentación, del remate alto de las torres y muros.

Geminado: Vano o ventana con dos huecos, generalmente separados por parteluz.

Girola: Deambulatorio que rodea la parte posterior del presbiterio, prolongando, generalmente, las naves laterales.

Homenaje: Torre de mayor tamaño de un castillo que constituye su último reducto defensivo.

Intradós: Superficie inferior -interna- de un arco, dovela o bóveda.

Jamba: Pieza monolítica que soporta -con su gemela- un dintel sobre puerta o ventana.

Ladronera: Minúsculo aposento, cubierto y volado, que se asienta sobre ménsulas. Sirve para garantizar la protección de su base desde los espacios abiertos que quedan entre los modillones que lo sustentan. Buharda.

Lienzo: Fragmento de muralla con desarrollo rectilíneo.

Liza: Espacio que media entre una barrera y una muralla.

Luz: Anchura de un vano o de una estancia.

Mampostería: Fábrica de mampuesto o piedras toscas, irregulares y no labradas.

Matacán: Parapeto volado que se apoya sobre ménsulas.

Mechinal: Hueco en el muro resultante del apoyo de una viga o andamio.

Ménsula: Pieza pétrea que sobresale del muro para soportar elementos volados.

Merlón: Cuerpo prismático. En ocasiones se usa como equivalente del cuerpo de cada *diente* de la almena, según algunas opiniones de manera impropia.

Mina: Excavación subterránea para el asedio de las fortificaciones.

Glosario

Modillón: Saledizo que sustenta un elemento volado.

Mota: Elevación de terreno, natural o artificial, donde se asienta una fortificación.

Nervio: Hilada de piedra saliente del intradós de una bóveda.

Ojival: Apuntado (ver arco apuntado).

Padrastro: Teso o elevación natural que domina a una fortificación cercana.

Paramento: Cara de un muro. Modo de disposición de los elementos de un muro.

Parapeto: Pretil protector.

Parteluz: Columna que divide el vano de las ventanas geminadas.

Planta: Líneas que dibuja sobre un plano la sección horizontal de una obra.

Portada: Puerta decorada.

Postigo: Portillo abierto en puerta mayor. Puerta falsa.

Poterna: Puerta simulada. Puerta pequeña o portillo.

Relieve: Labra no exenta o adosada a un muro o columna.

Revellín: Recinto amurallado exterior y avanzado.

Rosetón: Vano circular generalmente protegido con celosía u ornamento calados.

Saetera: Aspillera. Ventana muy estrecha abierta en el muro para el empleo de armamento ligero.

Sillar: Piedra grande, generalmente de sección rectangular, bien tallada y escuadrada.

Sillarejo: Sillar pequeño, de tosca labra.

Sillería: Obra hecha con sillares.

Tapial: Tablero de madera que se empleaba como encofrado en cuyo interior se compactaba arcilla o argamasa. Dícese, por extensión, de la obra realizada mediante este sistema.

Tímpano: Espacio semicircular comprendido entre el dintel y la arquivolta interna de un arco.

Trasdós: Extradós. Superficie o plano externo y superior del arco o bóveda.

Tronera: Abertura practicada en un muro para posibilitar el empleo de armas artilleras defensivas.

Vano: Espacio hueco.

Vierteaguas: Moldura externa protectora.

Voladizo: Saledizo.

Zapa: Socavamiento de la base de un muro.

AGRADECIMIENTOS

Este trabajo ha contado con el incondicional apoyo desinteresado de diferentes personas físicas, instituciones públicas y entidades privadas. D. Javier Bernad Remón, presidente de la sección vallisoletana de la Asociación Española de Amigos de los Castillos, puso a disposición de esta guía su extenso y valioso fondo documental relativo al castillo de Villafuerte de Esgueva. Israel Bustamante aportó altruista y desinteresadamente valioso material fotográfico. Es de justicia expresar, asimismo, mi agradecimiento a la Junta de Castilla y León -Begoña Blanco y responsables de visitas del castillo de La Mota de Medina del Campo-, Diputación de Valladolid -Laura Martín, directora del castillo de Fuensaldaña y Museo de las Villas Romanas-, Museo del Vino, instalado en el castillo de Peñafiel, Jesús Ramos -responsable de la Residencia Real Castillo de Curiel-, Susana Merlo y Manuel Muñoz -desde sus respectivas vinculaciones al castillo de Íscar-, Tomás Caro-Patón y Ana Pérez -castillo de Tiedra-, Iván García (y su empresa ARBOTANTE), Emiliano Rico y Ramón Álvarez -castillo y murallas de Villalba de los Alcores-, responsables de las Oficinas de Turismo de los Ayuntamientos titulares de los castillos de Trigueros del Valle, Tiedra y Torrelobatón -Justi Tomás-, Jesús de la Iglesia, presidente de la Asociación Amigos de la Historia de Villagarcía de Campos, Asociación Española de Amigos de los Castillos -Luis Rodríguez y Miguel Ángel Toral, responsables de visitas a los castillos de Villafuerte de Esgueva y Portillo- y Universidad de Valladolid -Vicerrectorado de Patrimonio y Estructuras-. Carlos Sánchez, Nicolás Muñoz, Juan Martín Simón y Joaquín Portillo prestaron su colaboración, también de modo desinteresado. Vaya para todos ellos mi más sincera expresión de gratitud.

Vista aérea de Simancas | *AITOR GUTIERREZ COSGAYA.*

BIBLIOGRAFÍA BÁSICA

- ARA GIL, Clementina Julia. *Catálogo Monumental. Antiguo Partido Judicial de Tordesillas*. Clementina Julia Ara Gil y Jesús María Parrado del Olmo. Diputación de Valladolid, 1980.
- ARCHIVO GENERAL DE SIMANCAS. *El obispo Acuña: la espada comunera de Dios o del diablo*. Departamento de Difusión del AGS, 2021. http://www.culturaydeporte.gob.es › ags › acunya.
- BARRIO SÁNCHEZ, Antonio del. *Rutas del Mudéjar en la Provincia de Valladolid*. Carlos Duque Herrero, Fernando Regueras Grande y Antonio Sánchez del Barrio. Castilla Ediciones, Valladolid, 2005.
- BERNAD REMÓN, Javier:
  - *Castillos de Valladolid. Lancia, 1992.*
  - *Castillo de Villafuerte de Esgueva (Valladolid). Recuperación de un castillo señorial del siglo XV.*
- BERNI Y CATALÁ, Joseph. *Apuntamientos sobre las Leyes de Partidas*. 1758.
- BRASAS EGIDO, Juan Carlos:
  - *Catálogo Monumental. Antiguo Partido Judicial de Olmedo. Diputación de Valladolid, 1977.*
  - *Catálogo Monumental. Antiguo Partido Judicial de Villalón. Jesús Urrea Fernández y José Carlos Brasas Egido. Diputación de Valladolid, 1981.*
- BRIZUELA SÁNCHEZ, Javier. *Una historia de Valladolid*. Coordinador Javier Burrieza Sánchez. Autores: Miguel Ángel Martín Montes, Pascual Martínez Sopena, Javier Burrieza Sánchez y Concepción Marcos del Olmo. Ayuntamiento de Valladolid, 2004.
- BUSTAMANTE GARCÍA, Agustín. *Catálogo Monumental. Antiguo Partido Judicial de Nava del Rey*. Esteban García Chico y Agustín Bustamante García. Diputación de Valladolid, 1972.
- CASANOVA Y TODOLÍ, Ubaldo de. *Castilla y León. Momentos Culminantes para la construcción de un Reino*. Amarú, Salamanca, 2008.
- CASTRO FERNÁNDEZ, José Javier de:
  - *Castilla y León. Castillos y Fortalezas. Fernando Cobos Guerra y José Javier de Castro Fernández. Edilesa, 1998.*
  - *Valladolid, Arte y Cultura I: Castillos y fortificaciones de la Provincia de Valladolid. Cobos Guerra, F. y de Castro Fernández, J.J. Diputación de Valladolid, 1998.*
  - *Villafuerte. Aspectos Históricos, Arquitectónicos y Epigráficos.*
- CEBRIÁN, Juan Luis. *La aventura de los Godos*. La Esfera de los Libros, Madrid, 2002.

Bibliografía básica

- COBOS GUERRA, Fernando:
    - *Castilla y León. Castillos y Fortalezas. Fernando Cobos Guerra y José Javier de Castro Fernández. Edilesa, 1998.*
    - *Metodología, valoración y criterios de intervención en la arquitectura fortificada de Castilla y León. Catálogo de las provincias de León, Salamanca, Valladolid y Zamora. Fernando Cobos Guerra y Manuel Retuerce Velasco. Edición digital. Junta de Castilla y León, Consejería de Cultura y Turismo, 2011.*
    - *Valladolid, Arte y Cultura I: Castillos y fortificaciones de la Provincia de Valladolid. Cobos Guerra, F. y de Castro Fernández, J.J. Diputación de Valladolid, 1998.*
    - *Peñafiel, un infante y un castillo. Ed. Asociación Española de Amigos de los Castillos y Ayuntamiento de Peñafiel.*
    - *Villafuerte Aspectos Históricos, Arquitectónicos y Epigráficos.*
- COOPER, Edward. *Castillos señoriales de la Corona de Castilla.* I a IV. Junta de Castilla y León, 1991.
- CORRAL CASTANEDO, Antonio. *Los Montes de Torozos (Aproximaciones a una comarca).* Caja España, Valladolid, 1999.
- DUQUE HERRERO, Carlos. *Rutas del Mudéjar en la Provincia de Valladolid.* Carlos Duque Herrero, Fernando Regueras Grande y Antonio Sánchez del Barrio. Castilla Ediciones, Valladolid, 2005.
- GARCIA CHICO, Esteban:
    - *Catálogo Monumental. Antiguo Partido Judicial de Nava del Rey. Esteban García Chico y Agustín Bustamante García. Diputación de Valladolid, 1972.*
    - *Catálogo Monumental de la Provincia de Valladolid. Medina del Campo. Tomo III. Diputación de Valladolid, 1991.*
- GUTIÉRREZ, José Manuel et al. *Castillos de Castilla y León.* Ecléctika. El Mundo/Edical S. A., 2007.
- HISLOP, Malcom. *Cómo leer castillos.* Akal, 2014.
- LOPE DE AYALA, Pero. *Crónicas.* Anotación de Martín, J.L. Planeta, 1991.
- MARCOS DEL OLMO, Concepción. *Una historia de Valladolid.* Coordinador Javier Burrieza Sánchez. Autores: Miguel Ángel Martín Montes, Pascual Martínez Sopena, Javier Burrieza Sánchez y Concepción Marcos del Olmo. Ayuntamiento de Valladolid, 2004.
- MARTIN GONZÁLEZ, Juan José:
    - *Catálogo Monumental. Antiguo Partido Judicial de Valladolid. Diputación de Valladolid, 1973.*
    - *Catálogo Monumental. Monumentos Civiles de la Ciudad de Valladolid. Diputación de Valladolid, 1976.*
    - *Catálogo Monumental. Monumentos Religiosos de la Ciudad de Vallado-*

lid. Parte Segunda. Juan José Martín González y Francisco Javier de la Plaza Santiago. Diputación de Valladolid, 1987.

- MARTÍN JIMÉNEZ, Carlos Manuel:
  - *Guía Turística de Valladolid. Fondo Natural, Ávila, 2001.*
  - *Rutas para descubrir los Castillos y Fortalezas de Castilla y León. Ámbito, 2003.*
  - *Retablos Escultóricos Renacentistas y Clasicistas. Carlos Manuel Martín Jiménez y Abelardo Martín Ruiz. Diputación de Valladolid, 2008.*
- MARTÍN MONTES, Miguel. *El Alcázar Real de Valladolid.* Fundación Municipal de Cultura, Ayuntamiento de Valladolid, 1995.
- MARTÍN MONTES, Miguel Ángel. *Una historia de Valladolid.* Coordinador Javier Burrieza Sánchez. Autores: Miguel Ángel Martín Montes, Pascual Martínez Sopena, Javier Burrieza Sánchez y Concepción Marcos del Olmo. Ayuntamiento de Valladolid, 2004.
- MARTÍN RUIZ, Abelardo. *Biblioteca Básica de Valladolid. Retablos Escultóricos Renacentistas y Clasicistas.* Carlos Manuel Martín Jiménez y Abelardo Martín Ruiz. Diputación de Valladolid, 2008.
- MARTÍN VERONA, Ignacio. *Secundarios de Castilla. Historia, recuerdos y vestigios de los ferrocarriles de vía estrecha de Tierra de Campos, Torozos y Vega del Esla.* Ignacio Martín Verona y Wifredo Román Ibáñez. Aruz, 2022.
- MARTÍNEZ, Mateo. *Tierra de Campos. Cooperativismo y Sindicalismo Agrario.* Institución Cultural Simancas, Valladolid, 1982.
- MARTÍNEZ SOPENA, Pascual. *Una historia de Valladolid.* Coordinador Javier Burrieza Sánchez. Autores: Miguel Ángel Martín Montes, Pascual Martínez Sopena, Javier Burrieza Sánchez y Concepción Marcos del Olmo. Ayuntamiento de Valladolid, 2004.
- MENÉNDEZ PIDAL, F. *Heráldica medieval española. La Casa Real de Castilla y León.* Instituto Salazar y Castro (C.S.I.C.), 1982.
- MIRAVILLES, Luis. *Los rollos jurisdiccionales. Columnas milenarias de Castilla.* Diputación de Valladolid, 1989.
- ORLANDÍS, José:
  - *Historia del Reino Visigodo Español. Rialp, Madrid, 1988.*
  - *La vida en España en tiempo de los Godos. Madrid, 1991.*
- ORTEGA RUBIO, Juan. *Los pueblos de la provincia de Valladolid (1895).* Grupo Pinciano-Caja de Ahorros Provincial de Valladolid, Valladolid, 1979.
- PARRADO DEL OLMO, Jesús María:
  - *Catálogo Monumental. Antiguo Partido Judicial de Mota del Marqués. Diputación de Valladolid, 1976.*
  - *Catálogo Monumental. Antiguo Partido Judicial de Tordesillas. Clementina Julia Ara Gil y Jesús María Parrado del Olmo. Diputación de Valladolid, 1980.*

Bibliografía básica

- *Catálogo Monumental. Antiguo Partido Judicial de Medina de Rioseco. Diputación de Valladolid, 2002.*
- PÉREZ HIGUERA, Teresa. Arquitectura mudéjar en Castilla y León. Junta de Castilla y León, 1993.
- PLAZA SANTIAGO, Javier de la. *Catálogo Monumental. Monumentos Religiosos de la Ciudad de Valladolid.* Parte Segunda. Juan José Martín González y Francisco Javier de la Plaza Santiago. Diputación de Valladolid, 1987.
- RAMOS CERVERÓ, Rafael. *Historia y leyendas del castillo de Curiel de Duero.* Valladolid, 2006.
- REGUERAS GRANDE, Fernando. *Rutas del Mudéjar en la provincia de Valladolid.* Carlos Duque Herrero, Fernando Regueras Grande y Antonio Sánchez del Barrio. Castilla Ediciones, Valladolid, 2005.
- REPRESA RODRÍGUEZ, Amando. *Valladolid y sus comarcas.* Ámbito, Valladolid, 1991.
- RETUERCE VELASCO, Manuel. *Metodología, valoración y criterios de intervención en la arquitectura fortificada de Castilla y León. Catálogo de las provincias de León, Salamanca, Valladolid y Zamora.* Fernando Cobos Guerra y Manuel Retuerce Velasco. Edición digital. Junta de Castilla y León, Consejería de Cultura y Turismo, 2011.
- RIVERA ONTAÑÓN, Antonio. *Encinas de Esgueva. El pueblo, la gente, su tierra.* Félix Rivera Ontañón y Antonio Rivera Ontañón. Diputación de Valladolid, 2008.
- RIVERA ONTAÑÓN, Félix. *Encinas de Esgueva. El pueblo, la gente, su tierra.* Félix Rivera Ontañón y Antonio Rivera Ontañón. Diputación de Valladolid, 2008.
- ROMÁN IBÁÑEZ, Wifredo. *Secundarios de Castilla. Historia, recuerdos y vestigios de los ferrocarriles de vía estrecha de Tierra de Campos, Torozos y Vega del Esla.* Ignacio Martín Verona y Wifredo Román Ibáñez. Aruz, 2022.
- SIMÓN NIETO, Francisco. *Los Antiguos Campos Góticos. Excursiones histórico-artísticas a la Tierra de Campos.* Madrid, 1895.
- URREA FERNÁNDEZ, Jesús:
    - *Catálogo Monumental. Antiguo Partido Judicial de Villalón. Jesús Urrea Fernández y José Carlos Brasas Egido. Diputación de Valladolid, 1981.*
    - *Catálogo Monumental. Antiguo Partido Judicial de Valoria la Buena. Diputación de Valladolid, 2003.*
    - *Patrimonio restaurado de la provincia de Valladolid. Retablos (Volumen I). VVAA. Jesús Urrea Fernández (director y coordinador). Diputación de Valladolid, 2008.*
- VALDEÓN, J. et al. *Isabel la Católica y la Política.* Ámbito, 2001.
- VALDIVIESO, Enrique. *Catálogo Monumental. Antiguo Partido Judicial de Peñafiel.* Diputación de Valladolid, 1975.

Bibliografía básica

- VILLAR GARCÍA, Luis Miguel. *La Extremadura castellano-leonesa. Guerreros, clérigos y campesinos (711-1252).* Junta de Castilla y León, 1986.
- VVAA:
    - *Castillos y murallas de Valladolid. (Selección de textos J. M. Parrilla; prólogo y presentación Marqués de Lozoya y J. J. Martín González). Institución Cultural Simancas, 1976.*
    - *Historia del Arte de Castilla y León. I, II y III. Ámbito, 1995.*
    - *Catálogo monumental de Castilla y León. I y II. Junta de Castilla y León, 1995.*
    - *Historia de una cultura. Castilla y León en la historia de España. I-III. Junta de Castilla y León, 1995.*
    - *Castillos de España II: Castilla la Mancha y Castilla y León. Everest, 1998.*
- WATEMBERG GARCÍA, Eloísa. *Catálogo Monumental. Medina de Rioseco Ciudad.* Diputación de Valladolid, 2003.

*Silueta del castillo
de Peñafiel al amanecer.*

NOTAS

INTRODUCCIÓN

(1) Expresión acuñada por el marqués de Lozoya en el prólogo de *Castillos y murallas de Valladolid*. Pág 7. Institución Cultural Simancas, 1976.

(2) Que ha volatilizado presagios de abandono y condena fatal, para devolver vida a nuestra arquitectura fortificada y hacer que se desvanezca aquella apreciación pesimista de Santiago Melero sobre uno de nuestras fortalezas: «*Ahora el castillo de Tiedra enmudece con la quietud de los seres muertos*».

CONTEXTO HISTÓRICO

(1) Separada del actual casco de la población por un profundo valle, se alza la ermita de Nuestra Señora de Tiedra Vieja, edificada sobre un emplazamiento que contiene restos de la Segunda Edad del Hierro. También se han hallado en este yacimiento restos anteriores, de la Primera Edad del Hierro.

(2) Otras villas privadas, como la del Prado, edificada en el s. IV d. C. en solar de la capital, o la finca de Santa Cruz, en Cabezón de Pisuerga dejaron también su impronta en este territorio. La última contaba con un espléndido mosaico tardorromano, del s. IV, que puede admirarse en el Museo de Valladolid.

(3) Jesús María Parrado del Olmo, al analizar el patrimonio de Valdenebro de los Valles, sugiere que «*Hay restos de una muralla medieval junto al cementerio, pero que pudieran tener enmascaradas construcciones defensivas romanas*». Vid. *Catálogo Monumental de Valladolid. TOMO XVI. Antiguo Partido Judicial de Medina de Rioseco*. Ed. Diputación de Valladolid, 2002.

(4) Aunque la monarquía resultó, siquiera formalmente, restituida con el nombramiento de Akilha, este último rey visigodo no tuvo otro papel que el de *monarca títere*, con un poder meramente testimonial. El reino visigodo había quedado herido de muerte a orillas del río Guadalete y el fallecimiento de Akilha consagró la definitiva extinción de la dinastía.

(5) Algunos tratados cuestionan esta correspondencia como «incuestionable», debido a «*...que había otros lugares llamados Wamba en la provincia de Zamora*». Vid. Catálogo Monumental. Antiguo Partido Judicial de Tordesillas. Clementina Julia Ara Gil y Jesús María Parrado del Olmo. Diputación de Valladolid, 1980.

(6) Siete mil, según otras fuentes.

(7) Los bereberes contribuyeron a la expansión del cristianismo hasta que el asentamiento árabe en el norte de África durante la séptima centuria motiva una masiva conver-

sión de miembros de la entidad étnica amazig al slamismo. La invasión del 711 no fue protagonizada únicamente por árabes, sino que parte de los ejércitos que llegan a Hispania fue bereber –el propio dirigente de la tropa, Táriq ibn Ziyad, lo era–, si bien es cierto que aquella comitiva estaba a las órdenes del califa árabe.

(8) Ventura García Escobar, al redactar un artículo scbre el «Castillo de Tor-de-Humos» publicado en el *Semanario Pintoresco Español* el 15 de abril de 1849, relata: «*...nuestra memoria se remonta espontáneamente á la turbulenta época, en que inundada la España de los godos por las huestes del Corán, dió principio aquella lucha heroica, que, inaugurada en los montes de Covadonga, terminó gloriosamente bajo las torres de la Alhambra. Pues apenas los primeros reyes de Asturias y León tendieran su incontrastable espada, hicieron retroceder á los belicosos invasores hasta las márgenes del Duero y del Pisuerga*».

(9) A pesar de que las derrotas que sufrirá el monarca cristiano en Sagrajas y Uclés restituyeran en parte el equilibrio de fuerzas y resucitasen el concepto de *guerra santa* que reavivó el poderío militar musulmán, de modo que cerca de tres décadas después aún permanecían acantonadas en Medinaceli huestes islámicas.

(10) Vid. *Metodología, valoración y criterios de intervención en la arquitectura fortificada de Castilla y León. Catálogo de las provincias de León, Salamanca, Valladolid y Zamora.* Fernando Cobos Guerra - Manuel Retuerce Velasco. Edición digital de Junta de Castilla y León, Consejería de Cultura y Turismo, 2011

(11) Las primeras menciones de *Castella* se refieren a un territorio que inicialmente comprendía tierras del norte de Burgos. Cfr. *Castilla y León. Momentos Culminantes para la construcción de un Reino.* Ubaldo de Casanova y Todolí. Ed. Amarú, Salamanca 2008.

(12) Vid. *Aportaciones al estudio de la Orden del Temple en Valladolid.* Javier Castán Lanaspa.

(13) El *Maldonado* ajusticiado fue un primo del cabecila principal, con su mismo apellido.

TIERRA DE CAMPOS Y MONTES TOROZOS

(1) Obra que lleva por subtítulo *Excursiones Históricc-Artísticas á la Tierra de Campos.*

(2) Vid. *Tierra de Campos. Cooperativismo y Sindicalismo Agrario.* Mateo Martínez. Institución Cultural Simancas. Valladolid, 1982. Sobre cita de GARCÍA FERNÁNDEZ, J. en *Campos abiertos y campos cerrados en Castilla la Vieja.*

(3) Algunos textos se refieren al «*Adelantamiento de los Campos Godos*» para designar una demarcación que incluía un considerable número de importantes términos.

Torrelobatón (castillo de los Comuneros)

(1) Circunscripción de la Corona castellana que establece el Becerro de las Behetrías de Castilla, escrito al comienzo de la segunda mitad del s. XIV. Responde a un requerimiento que la nobleza cursa a Pedro *el Cruel* para que elimine la institución de las

Behetrías o poblaciones con capacidad para elegir su propio señor en su condición de titulares del dominio sobre aquellas. Fue la Merindad una institución llamada a intermediar entre el poder de la realeza y el dominio señorial.

(2) La victoria del ejército de Carlos I desmembró casi totalmente la organización comunera. Únicamente la plaza de Toledo continuó con la resistencia, hasta que en febrero de 1522 dobló definitivamente la rodilla.

(3) Cfr. *Castilla y León...* F. Cobos y J. J. de Castro. *Op. cit.* Pág152.

(4) Servicio Nacional del Trigo.

(5) Sin embargo, el replanteamiento posterior y su restauración tras la conquista comunera hicieron de este castillo uno de los más representativos de la denominada Escuela de Valladolid.

(6) Vid. *Catálogo Monumental de Valladolid. Antiguo Partido Judicial de Mota del Marqués.* Jesús María Parrado del Olmo. Ed. Diputación de Valladolid, 1976.

(7) Cfr. *Castillos Señoriales...* Edward Cooper. *Op. cit.*, pág. 456.

(8) *Diccionario geográfico-estadístico-histórico de España y sus posesiones de Ultramar.* Pascual Madoz, obra compuesta por dieciséis volúmenes publicada entre 1845 y 1850.

(9) Instalado por iniciativa de las Fundaciones del Patrimonio Histórico de Castilla y León y Villalar-Castilla y León y por el Ayuntamiento de la villa.

(10) Producción italo-estadounidense estrenada en 1961.

(11) Según difundieron algunos medios de comunicación, obtenidas de manera «algo subrepticia» y con riesgo del autor de ser expulsado del rodaje, pues, según se indica, los responsables de la filmación habían prohibido terminantemente a extras y participantes en general tomar imágenes durante la filmación y sus *tiempos muertos*.

(12) Al momento de redactar estas líneas aparece habilitado un horario de verano (tarde del viernes y mañana y tarde en sábados, domingos y festivos) y otro de invierno (sábados y domingos, mañana y tarde). Se puede concertar visita de grupo todos los días excepto lunes y martes por la mañana, y obtener información actualizada de horarios y tarifas a través del correo electrónico castillodetorrelobaton@hotmail.com. Teléfonos 665 834 753 y 983 563 413. También a través de las páginas web https://www.turismocastillayleon.com o https://cultura.jcyl.es.

Tiedra (castillo de los Téllez de Meneses)

(1) Mencionada como Tiedra la Vieja en algunos tratados -v. gr., *Diccionario geográfico ...* de P. Madoz. *Op. cit.*, o *Los pueblos de la Provincia de Valladolid (1895)* de Juan Ortega Rubio. Grupo Pinciano-Caja de Ahorros Provincial de Valladolid, 1979.

(2) *Vid. Metodología, valoración y criterios de intervención ...* F. Cobos-M. Retuerce. *Op. cit.*

(3) Cita de «*Antigüedades de España* - P. Berganza» en *Los pueblos ... (1895).* J. Ortega. *Op. cit.*

(4) El encuentro entre Díaz de Vivar y doña Urraca debió producirse en el propio castillo de Tiedra. No capitularía doña Urraca y Sancho II sitió Zamora, siendo asesinado mien-

Notas

tras intentaba tomar la ciudad por la fuerza.

(5)   Como parece indicar el aprovechamiento de algún paño de la muralla que protegía Tiedra en años de la repoblación.

(6)   Que se edificó sobre los restos del yacimiento Cerro de la Ermita, en un pago en el que la arqueología ha sacado a la luz vestigios de un asentamiento de periodo vacceo en una población después romanizada, que se denominó Amallobriga (Abulobrica según otras fuentes). Es de resaltar que las crónicas históricas señalan que en 1157 el rey leonés Fernando II ordenó el traslado del núcleo urbano -que se hallaba en el entorno del Cerro de la Ermita- al actual emplazamiento, con mejores condiciones defensivas y de control de paso entre tierras de León y Castilla.

(7)   La villa de Tiedra pertenecía al realengo leonés en tiempos del belicoso padre del donante Alfonso IX, Fernando II, quien en 1178 inició una contienda contra el reino de Castilla, apoderándose de varias tierras hoy palentinas y burgalesas.

(8)   En diferentes tratados aparece nominada, alternativamente, como (Teresa) Álvarez o Pérez (de Asturias).

(9)   En estos años debió impulsarse la construcción de la torre central, de modo que en diversos tratados el conjunto aparece denominado como «castillo de los Téllez de Meneses».

(10) Gutierre Álvarez de Toledo fue un personaje intrigante que alternó, según conveniencias circunstanciales, su apoyo a Juan II o a los infantes de Aragón, sirviéndose de sus maquinaciones para hacerse con diferentes dignidades -obispo de Palencia, arzobispo de Sevilla, primado de Toledo...-. Relatan los manuales de historia que finalmente fue absuelto de los cargos que se le imputaban.

(11) Mediante Cédula de 1445 suscrita por Enrique IV.

(12) Linaje resultante de integración de otros renombrados -Girón, Téllez de Meneses, Fernández de Velasco ...-.

(13) Algunos rasgos, como la buena calidad de la sillería, hacen pensar en fechas tempranas del s. XIII, mientras otros -ladroneras, bóveda y sistemas de acceso- sugieren fechas de finales del s. XIII o principios del XIV. Así lo destacan Fernando Cobos Guerra y José Javier de Castro Fernández en *Castilla y León... Op. cit.* Pág 60.

(14) Que corresponde al año 1288, tras la *conversión* de la *Era hispánica* -referencia utilizada en aquellos años, que arranca del año 38 a. de C.- a las datas del calendario de uso actual.

(15) Así lo considera Jesús María Parrado del Olmo en *Catálogo Monumental... Op. cit.*

(16) *Vid. Metodología, valoración y criterios de intervención...* F. Cobos y M. Retuerce. *Op. cit.*

(17) Aparejo que dispone los sillares de modo que su lado mayor quede en paralelo a la pared.

(18) Ventanas con dos aberturas separadas verticalmente por una pilastra que recibe el nombre de parteluz.

(19) Cadalsos, parapetos o buhardas de madera, sustitutos de los matacanes destinados a defensa *vertical*. La restauración realizada en el s. XXI ha recompuesto una parte de las

deterioradas ménsulas y ha recreado algunos de tales componentes arquitectónicos.

(20) Ya se dejó anotada la estancia en este calabozo del intrigante obispo de Palencia Gutie-rre Álvarez de Toledo.

(21) Era el de *alcayde* un cargo de designación y delegación real a quien se encomendaba el control y defensa del castillo, así como el aprovisionamiento, mantenimiento, gobierno y ejercicio de funciones jurisdiccionales del mismo. Este cometido estaba sujeto a una muy compleja normativa, que establecía un completo sistema de condiciones, obliga-ciones y facultades que regulaban la designación y establecían las pautas a que debía someterse la actuación del titular de la *alcaidía*.

(22) En la actualidad todas las plantas, incluida la que se ubica bajo el nivel del cuerpo de guardia, están comunicadas por escaleras que habilitan la visita de todo el edificio.

(23) La presencia de oquedades habilitadas en el muro para el encaje del sistema de aper-tura del postigo que debía protegerlo permite suponer la existencia de este refugio de valores.

(24) Esta muralla ejerció también la función de control de acceso a Tiedra, villa que osten-taba el denominado *Derecho de Mercado*, que llevaba aparejado el pago de impuesto para quienes acudiesen al reclamo del mercadeo.

(25) La Oficina de Turismo de Tiedra también anuncia en su página web https://tiedra.es/ la puesta a disposición del visitante de una APP -descarga gratuita- que contiene una audioguía orientada a hacer más atractiva la visita a la villa. En dicha página constan los teléfonos y dirección electrónica de contacto del Ayuntamiento y de la Oficina de Turismo.

(26) Al momento de redactar estas líneas, y a tenor del contenido de la página web referida en la nota anterior, se anuncian temporadas con horarios diferentes: Entre diciembre y febrero la visita libre requiere reserva previa. En marzo y en noviembre las visitas se realizan en sábados, domingos y festivos -horario de mañana y tarde-. Entre abril y octubre se habilitan visitas en fines de semana y festivos (con alguna ampliación de horario) y durante julio y agosto se puede acceder, en horario de tarde, miércoles, jue-ves y viernes. El último acceso se deberá realizar media hora antes del cierre y no está permitida la entrada de animales al recinto. Se deben confirmar los horarios a través de la web indicada.

Villavellid

(1) Aparece nominada, antaño, como Villavellid del Oro en algunos tratados, y como *Villa-velli* en el diccionario Geográfico-Estadístico-Histórico de Pascual Madoz (*op. cit*).

(2) Lamentablemente incluida en la Lista Roja del Patrimonio que elabora Hispania Nostra por su penoso estado de conservación.

(3) Que ostentaba el señorío de Toral de los Guzmanes.

(4) Hija del supuesto impulsor de la construcción del castillo, don Diego de Almanza.

(5) Vid. *Metodología, valoración y criterios de intervención...* F. Cobos-M. Retuerce. *Op. cit.*

Notas

(6) Vid. *Los Castillos Señoriales*... Edward Cooper. *Op. cit.*, pág. 468.

(7) Unión que se realizó con notable eficacia, pues esta simple unión, carente de ensamblaje, no ha generado grietas, a pesar de los siglos transcurridos desde su edificación y de la suerte que han corrido otros elementos del cerramiento mural.

(8) Puede presumirse un intento de ampliar la estrecha luz del vano de entrada.

(9) *Op. cit* elaborada entre 1845 y 1850.

(10) *Los pueblos de Valladolid (1895)*. J. Ortega. *Op. cit*

(11) En torno al año 2010.

Urueña (castillo y muralla)

(1) *Población general de España. Sus trofeos, blasones y conquistas heroicas*. Rodrigo Méndez Silva, 1645.

(2) Se intituló en 1135, «*Imperator totius Hispaniae*», dignidad con la que ya firmaba documentos Alfonso VI.

(3) Entre los que se incluían las plazas de Villagarcía o Villafrechós.

(4) A quien las fuentes atribuyen la condición de amante del Pedro *el Cruel*, monarca casado con Blanca de Borbón.

(5) Descubierto su romance con una prima de Sancho III en circunstancias poco dignas, fue sentenciado por el monarca. La tradición ha recogido una rima que relata la cruel venganza del monarca, quien dispuso para el cor de castellano que «*No le den cosa ninguna donde pueda estar echado / y de cuatro en cuatro meses / le sea un miembro quitado / hasta que con el dolor / su vivir fuese acabado*». Juan Ortega Rubio recoge esta *sentencia* en su obra *Los pueblos ..., op. cit.*.

(6) Su cubierta alcanza el punto de mayor altura de todo el conjunto fortificado.

(7) Incluidas las de la bellísima ermita de la ermita de Nuestra Señora de la Anunciada, que aporta al catálogo románico vallisoletano algunas singularidades estilísticas muy notables.

(8) Se puede actualizar la información sobre actividades y horarios a través de la página web http://www.urueña.es › castillo-y-murallas, y mediante el teléfono de la Oficina de Turismo (situada en Plaza Mayor nº 1) 983 717 445 y la dirección de correo electrónico turismo.uruena@hotmail.com.

Villalba de los Alcores

(1) El término *alcor* es sinónimo de collado, altozano, otero, cerro u otros que señalan una eminencia del terreno.

(2) Monarca a quien se atribuye una actividad particularmente belicosa con el poder musulmán, que le llevó a conquistar y fortificar distintas localidades junto a los ríos Pisuerga y Duero.

(3) Hija de Raimundo de Borgoña y Urraca I de León.

(4) La encomienda fue un tipo de institución feudal que establecía una relación de vasalla-

je entre los habitantes de una demarcación que debían rendir tributos a un señor que venía obligado a protegerlos.

(5) Este matrimonio fundaría, hacia 1185, el influyente monasterio de Santa María de Matallana, en término de Villalba de los Alcores.

(6) Nació en 1161 y falleció en 1230. Ostentó los señoríos de Meneses y Alburquerque.

(7) En aquel año el edificio debía estar recién edificado.

(8) Fallecido en 1508.

(9) Leemos a Godofredo Garabito Gregorio: «*Así camina doña Juana por los encinares de Torozos, tras el cadáver de su amado. Así llega a Villalba del Alcor y toma posesión de su castillo*».

(10) Francisco, duque de Bretaña, ostentaba entonces la dignidad de delfín de Francia.

(11) Carlos de Valois era titular en dicho año de tal ducado.

(12) El siguiente destino que registra el edificio es el de bodega-almacén de quesos, negocio impulsado por la familia que tuvo en arrendamiento el inmueble durante sesenta años. Señalan las hemerotecas que un largo litigio culminado en 2011 devolvió la posesión del castillo a Enrique de Rivas Ibáñez, quien anunció su intención de restaurar, en cuanto resultase posible, el ya muy deteriorado Monumento Nacional y posibilitar su pública visita. Falleció este sin poder ver cumplido su deseo, y la titularidad pasó a una amplia comunidad hereditaria. Se ha señalado que esta dispersión de la propiedad dificulta la adopción de medidas para su restauración.

(13) Algunos tratados han llegado a considerar que fue empleado como *castillo-monasterio* por la Orden Sanjuanista, a quien atribuyen su edificación.

(14) La familia Meneses, a quien se atribuye la obra original del castillo en el s. XIII, impulsó la construcción de diversos monasterios de tipología cisterciense, que revela caracteres de transición entre la estilística románica y el primer gótico.

(15) Algunos autores han sugerido que «*La obra del siglo XIII aun siendo posible emparentarla con alguna fortificación italiana, aragonesa o catalana, es un ejemplo único en Castilla y León, de castillo-palacio completamente abovedado con la tecnología constructiva del Císter*». Vid. *Castilla y León...* F. Cobos y J. J. de Castro, *Op. cit.*

(16) La denominada torre de la Pólvora incorporaba una abertura por donde se subían suministros a las estructuras superiores.

(17) Las fotografías que se han conservado de su fallida torre del homenaje aun muestran las ménsulas sobre las que se apoyaba esta estructura amatacanada.

(18) Don Rodrigo de Pimentel.

(19) Se encomendó la sustitución de las bóvedas de la segunda planta al cantero Juan de Liérganes, quien también añadió una tercera planta, además de construir una escalera de acceso al camino de ronda y abrir la puerta septentrional. Estas obras se han datado en el s. XVI.

(20) La Fundación del Patrimonio Histórico ha impulsado la recuperación de algunos de estos componentes arquitectónicos. Existen proyectos de recuperación de los otros conservados.

Notas

(21) Estas visitas pueden concertarse, de manera independiente para este enclave fortificado o conjuntamente con el también interesante yacimiento arqueológico de Fuenteungrillo, a través del correo electrónico info@arbotante.com o del teléfono 983 00 32 98 (de lunes a viernes, 9-14 h), correspondientes a Arbotante Patrimonio e Innovación S. L.

Montealegre de Campos (castillo de los Alburquerque)

(1) También conocido como castillo de los Alburquerque.
(2) Otros tratados, sin embargo, retrasan hasta el s. XV su construcción –o, más bien, su reedificación sobre la base del anterior–.
(3) Este personaje había sido valido de Pedro I, si bien posteriores desavenencias motivaron su cambio de bando, quedando integrado en el contingente que apoyaba a quien habría de reinar como Enrique II *de las Mercedes*.
(4) Cfr. *Castillos de Valladolid*. Javier Bernad Remón. Ed Lancia, León, 1992.
(5) Leemos a Parrado del Olmo: «*Se trata de una imponente fortaleza, de carácter muy defensivo, que presenta ciertas relaciones en el exterior con la de Villalba de los Alcores por sus formas rotundas*». Vid. *Catálogo Monumental ... Op. cit.* Pág. 63.
(6) Este diseño ha sugerido su relación cronológica con otros castillos del s. XIV.
(7) Las fuentes recogen una cita documentada de la compraventa del castillo datada en 1908 y suscrita entre Florencio Alonso y Lucino del Corral como compradores y María Magdalena Juliana de Guzmán y Caballero, XII condesa de Añover de Tormes, como vendedora. Los compradores pretendían desmembrar el castillo para proveer de sillares a diversos proyectos del ferrocarril local que enlazaban poblaciones de Valladolid y Palencia. *Cfr Castilla y León...* Fernando Cobos y José Javier de Castro, *op. cit.*
(8) La Fundación del Patrimonio Histórico de Castilla y León promovió su rehabilitación para instalar un Centro de Interpretación que aborda diversos aspectos relacionados con el castillo.
(9) La información ofrecida al momento de redactar este texto indica un periodo que va de abril a septiembre, con el siguiente horario: viernes a las 17:30 h.; sábados y domingos: a las 11:30 y 17:30 h. (cerrado de lunes a viernes por la mañana; concertar cita). Teléfono de reservas: 680 85 71 48. Página del Patronato de Turismo Diputación de Valladolid: https://www.provinciadevalladolid.com/es/montealegre-campos/castillo-montealegre. Portal de Turismo Junta de Castilla y León: https://www.turismocastilla-yleon.com/es/arte-cultura-patrimonio/castillos/castillo-montealegre.

Mota del Marqués

(1) Algunos tratados señalan como anteriores denominaciones las de Santibáñez de Mota y Mota de Toro. Su nombre trae causa de la concesión del marquesado al linaje Ulloa.
(2) Relata Ortega Rubio que «*De la puerta de su derruida muralla, que citan algunos escri-*

tores, no vi señales, cuando visité la población el 17 de Septiembre de 1890». Los Pueblos de Valladolid. Op. cit.

(3) También denominado castillo de la Mota.

(4) Cfr *Castillos de Valladolid.* J. Bernad. *Op. cit.*

(5) La Orden de los Caballeros Teutónicos fue titular de la villa en virtud de un privilegio otorgado en 1222 por Fernando III.

(6) Cfr *Catálogo Monumental...* J. M. Parrado. *Op. cit.*

San Pedro de Latarce

(1) La villa aparece nominada como San Pedro de la Tarza en algunos tratados añosos.

(2) También se ha atribuido origen romano al puente aledaño, si bien las múltiples transformaciones que ha sufrido dificultan el reconocimiento de tan egregia ascendencia.

(3) Algunos etimólogos han propuesto que la voz Latarce pudiera derivar de "lata arce", que viene a significar "extensa fortaleza", como hace ver Ortega Rubio -*Los pueblos ...*, *op. cit.*-, quien también propone un origen alternativo basado en la voz "atarfe", que entronca con el término árabe "atarf" que designa un "límite".

(4) Cfr Guía Artística de la Provincia de Valladolid. Juan José Martín González, Ariel, Barcelona.

(5) Esta institución respondía al sistema organizativo creado por la Orden, que agrupaba sus propiedades en una determinada demarcación geográfica y contaba con cabeza de encomienda en la población más destacada, que era regida por un comendador, maestre o badío. Cfr *Aportaciones al estudio de la Orden del Temple en Valladolid.* Javier Castán Lanaspa. *Op cit.*

(6) Decretada en el concilio de Vienne, celebrado entre finales de 1311 y primera mitad de 1312.

(7) Al momento de redactar estas líneas el interior alberga únicamente tres simples edificaciones ajenas a la finalidad inicial del castillo. En internet figura esta dirección web: https://sanpedrodelatarce.ayuntamientosdevalladolid.es/es.

Villagarcía de Campos (Castillo-palacio de los Quijada)

(1) Aparece documentada la estancia de Carlos I en este castillo en el año 1554.

(2) Cfr PARRADO DEL OLMO en *Catálogo Monumental ... Op. cit.*

Tordehumos

(1) Otero de Humos. Cfr. *Los Pueblos de Valladolid,* J. Ortega. *Op. cit.*

(2) Este componente de la Real Casa de Castro contrajo matrimonio en 1371 con Juana de Castilla y Guzmán, hija de Alfonso XI de Castilla y León.

(3) Editado por el *Semanario Pintoresco Español* -15/113- en abril de 1849 bajo el título «El Castillo de Tor-de-Humos» y encabezado por un dibujo que muestra una torre almena-

Notas

da y blasonada tras varios cubos y un paño de muralla en que se abre una portada con derrame y varias arquivoltas, las interiores de medio punto y la exterior muy ojival.

(4)   1845-1850.

Restos y edificios desaparecidos

(1)   Ya documentada a finales del s. XI y citada como Barcale de Lomba.
(2)   *Diccionario geográfico-Estadístico-Histórico... Op cit*. 1845-1850.
(3)   Nombre con que se conoce a las Cortes y Junta General del Reino que dirigieron la Revuelta Comunera.
(4)   Juan Ortega Rubio encuentra «... *un arruinado castillo*». *Los pueblos...*, *op. cit.*
(5)   Aparece con nota «No confirmado como fortificación» en *Metodología...*, *op. cit.* F. Cobos y M. Retuerce, 2011.
(6)   Restaurado en 2019. Se le han incorporado los componentes característicos de un molino de viento: cubierta, aspas, palo de gobierno... Un panel informativo instalado al pie explica el funcionamiento de este ingenio. La colocación en su interior de una escalera de caracol permite acceder a una plataforma que proporciona amplias vistas del entorno.
(7)   Como tal se ha documentado el torreón de piedra que sobrevive en las cercanías de Villafrechós, al que se asigna nombre del constructor y una fecha enclavada en los últimos años del s. XVI.
(8)   La población, dividida en dos barrios, estuvo dotada de castillo, muralla, iglesias, necrópolis ...
(9)   Con el impulso de la Fundación del Patrimonio Histórico de Castilla y León y la colaboración de la Junta de Castilla y León y Ayuntamiento de Villalba de los Alcores. El yacimiento de Fuenteungrillo está reconocido como Bien de Interés Cultural.
(10) Estas visitas pueden concertarse, de manera independiente para este yacimiento arqueológico o conjuntamente con la que se realiza a la muralla de Villalba de los Alcores, a través de la dirección de correo electrónico info@arbotante.com o teléfono 983 00 32 98 (horario lunes a viernes 9-14 h) -correspondientes a Arbotante Patrimonio e Innovación S. L.-. La búsqueda "Aula arqueológica Poblado de Fuenteungrillo" conduce en la red, entre otras, a páginas de la Junta de Castilla y León, Diputación de Valladolid y Ayuntamiento de Villalba de los Alcores que también proporcionan información.
(11) Cfr. *Los pueblos de Valladolid*. J. Ortega. *Op. cit*. Pág. 176.
(12) *Diccionario geográfico... Op. cit.*
(13) Cfr. *Catálogo Monumental. Medina de Rioseco Ciudad*. Eloisa Watemberg García. Diputación de Valladolid, 2003.
(14) Ventura García Escobar alcanzó a contemplar sus ruinas a mediados del s. XIX. Describió una hermosísima portada sobre arco carpanel que, por desgracia, se perdió irremisiblemente, si bien algunos desgajados componentes ornamentales se instalaron en el parque que sustituyó al edificio, a su inauguración en 1858.

(15) *Ibid.*, págs. 164 y ss.

(16) Parrado del Olmo recoge una cita del conde de Gamazo en su obra *Castillos en Castilla*, para proponer que «*La plaza de la Constitución se llama del Castillo, lo que ha hecho pensar en la posible existencia anterior de un castillo, del que formaría parte un silo que se hundió en dicha plaza*». Catálogo Monumental... *Op. cit.*, pág 184.

(17) Cfr. Catálogo Monumental... J. M. Parrado. *Op. cit*, pág 245.

(18) Cfr. *Los pueblos de Valladolid*. J. Ortega. *Op. cit*, págs 81-82 (II).

(19) Otras fuentes reducen su cometido al de simple atalaya de vigilancia.

(20) Cfr. *Catálogo Monumental*... J. Urrea y J. C. Brasas. *Op. cit*, pág 107.

Otros lugares de interés

(1) El acervo patrimonial de estas comarcas es de tal magnitud que necesariamente deben quedar fuera de la propuesta motivos de gran valía, limitando esta relación a valores que el viajero puede encontrar en las inmediaciones de los itinerarios.

(2) Los rollos jurisdiccionales son columnas de piedra –generalmente caliza o granítica– de carácter simbólico que proclaman la competencia del señor del lugar para impartir y ejecutar justicia. Indicaban, asimismo, la naturaleza del señorío (real, de concejo, eclesiástico o monástico) a que quedaba sometida la población del lugar. Tierra de Campos es pródiga en este tipo de manifestaciones, pues a este de Aguilar de Campos deben sumarse otras obras de mérito, como las de Bolaños de Campos, Mayorga o Villalón de Campos.

(3) Vid. *Rutas del Mudéjar en la Provincia de Valladolid*. Carlos Duque Herrero, Fernando Regueras Grande y Antonio Sánchez del Barrio. Pág. 76. Castilla Ediciones. Valladolid, 2005.

(4) Cfr. *Patrimonio Restaurado de la Provincia de Valladolid. Retablos (Volumen I)*. Alberto Campano Lorenzo (Jesús Urrea Fernández; director y coordinador). Ed Diputación de Valladolid, 2008.

(5) Este retablo, que puede fecharse en torno a 1578, fue incorporado a la cabecera del templo en 1957, para sustituir al original que tallara en alabastro Manuel Álvarez.

(6) Iniciada a finales del s. XV y concluida por Gaspar de Solórzano en 1516.

(7) Planificado por Gaspar Becerra, introductor del romanismo en Castilla. Su muerte dejó paso a la genialidad de Juan de Juni en la parte escultórica, quien se hizo cargo de la talla de la mitad del retablo. También intervinieron en la talla Francisco de Logroño, Pedro de Bolduque, Mateo Enríquez y, tras el fallecimiento de Juni en 1577, Esteban Jordán.

(8) Dirigió la obra Rodrigo Gil de Hontañón a partir del año 1533. De la portada principal –clasicista– se hizo cargo Alonso de Tolosa, mientras la puerta plateresca del mediodía se atribuye a Miguel de Espinosa. El propio Gil de Hontañón trazó –con aires góticoflamígeros– la portada septentrional.

(9) Instalado en la monumental iglesia de Santa Cruz.

(10) Otros edificios harineros, como la fábrica La Pura o el molino Santa Rita, dan fe de la

Notas

importancia que adquirió la actividad cerealista en la comarca.

(11) Concretamente a la tercera etapa o etapa *vallisoletana* del escultor. Cfr. *Biblioteca Básica de Valladolid. Retablos Escultóricos Renacentistas y Clasicistas*. Carlos Manuel Martín Jiménez y Abelardo Martín Ruiz. Ed. Diputación de Valladolid, 2008.

(12) Que organiza encuentros de creación literaria.

(13) Esta influencia, importada de Lombardía, se centró fundamentalmente en los ámbitos del noreste de la península Ibérica.

(14) Museo visitable sábados, domingos y festivos en horario de tarde. Información en https://www. provinciadevalladolid.com/es/villagarcia-campos.

(15) Su importancia estriba, entre otros motivos, en inaugurar en la provincia la tendencia *escurialense*, al sujetarse al modelo establecido en el monasterio del Escorial. Para las tallas se emplean madera recubierta de pintura blanca, alabastro e imitación de mármol, lo que confiere al conjunto notas de sobriedad y uniformidad verdaderamente reverenciales.

(16) Ha sido calificado como «...cumbre *de todos los pilares jurisdiccionales conocidos*». Vid. *Los Rollos Jurisdiccionales. Columnas Milenarias de Castilla*. Luis Miravilles. Ed. Diputación de Valladolid, 1989.

(17) Cfr *Secundarios de Castilla. Historia, recuerdos y vestigios de los ferrocarriles de vía estrecha de Tierra de Campos, Torozos y Vega del Esla*. Ignacio Martín Verona y Wifredo Román Ibáñez. Ed Aruz, 2022.

(18) «*El osario de Wamba, un concejo abierto de huesos y de calaveras, espera con impaciencia el día de la resurrección, sin estar muy seguro de poder recomponer por completo sus esqueletos*», relata Antonio Corral Castanedo en su obra *Los Montes de Torozos (Aproximaciones a una comarca)*. Ed. Caja España. Valladolid, 1999.

(19) Expresión que algunos tratadistas han comenzado a sustituir por los de *arte de repoblación* o *arte de Reconquista*.

Las edificaciones fortificadas

(1) Al margen de cometidos fiscales.

(2) El empleo de la mano izquierda para usos habituales despertaba rechazo en determinadas épocas históricas, llegando incluso a ser castigado. Dominaba, de manera casi absoluta, el espadachín diestro.

(3) La Novísima Recopilación de las Leyes de España se refiere a castillos de *peña brava* cuando penaliza los diferentes supuestos constitutivos de traición en la que incurre «...*quien poblase castillo viejo del Rey, ó de peña brava, sin mandato del Rey, para hacer deservicio al Rey, ó guerra, ó daño a la tierra...*».

(4) Además, los edificios adscritos a esta escuela habilitaron en su interior patios porticados de sabor palaciego y función representativa.

(5) La literatura especializada habla de *cañones pedreros*.

(6) Vid. *Metodología, valoración y criterios de intervención...* F. Cobos–M. Retuerce. *Op cit.*

(7) Exponente emblemático es el salmantino Fuerte de la Concepción, erigido en el siglo XVII en término de Aldea del Obispo. Siglos atrás, el alejamiento de las fronteras había hecho cesar la actividad fortificadora en Valladolid.

CAMPIÑA DEL PISUERGA Y VALLE DE ESGUEVA

(1) Algunos historiadores hacen derivar el actual nombre del río de esta voz de origen celta, que se relaciona con el asentamiento de la Legio III romana en el actual término de Herrera de Pisuerga (Palencia) durante las Guerras Cántabras y en el entorno cronológico del cambio de era.

(2) Así lo proclama el historiador Amando Represa. Cfr. *Valladolid y sus comarcas..., op. cit.*

Simancas

(1) Sí que fue ajusticiado, por el contrario, su primo Francisco Maldonado, que compartió mando en las tropas comuneras.

(2) La lista de personas que sufrieron prisión en este castillo incluye a otros personajes relevantes. Pedro de Navarra, mariscal de Navarra, fue retenido aquí, donde murió en 1522. También señalan las fuentes la presencia en el castillo como recluso de Floris van Montmorency, barón de Montigny, quien fue condenado a muerte y ejecutado por orden de Felipe II. El castillo fue escenario de otros hechos luctuosos, como atestigua una placa inserta junto a la entrada principal que da cuenta de la muerte en 1602 del noble irlandés Hugo O´Donnel, que falleció en este edificio cuando se dirigía a Valladolid para solicitar ayuda militar a Felipe III.

(3) Puede consultarse un detallado relato en https://www.culturaydeporte.gob.es › ags › acunya, bajo título «*El obispo Acuña: la espada comunera de Dios o del diablo*» y texto del Departamento de Difusión del AGS (Archivo General de Simancas), 2021.

(4) Una de las torres del castillo pasó a denominarse *cubo del obispo* por ser la estancia donde dormía, durante su presidio, Antonio de Acuña.

(5) El historiador Juan José Martín González destaca que en su fábrica se empleó «... piedra local de color grisáceo. Para los peldaños de la obra que se hace en la reforma de Herrera y Mora se usa piedra granítica de Cardeñosa. Caliza de tono dorado se ha empleado en los pilares cuadrados de los pórticos». Catálogo Monumental. Antiguo Partido Judicial de Valladolid, Diputación de Valladolid, 1973.

(6) https://www.culturaydeporte.gob.es/cultura/areas/archivos/mc/archivos/ags/exposiciones-actividades/visitas-ags.html.

(7) Calle Miravete nº 8. 47130 Simancas (Valladolid)

(8) ags@cultura.gob.es

(9) Número (+34) 983 59 00 03

Notas

Fuensaldaña (castillo de los Vivero)

(1)   Las tierras de Fuensaldaña se distribuían entre diferentes propietarios. Entre los titulares eclesiásticos se cita a las abadías de Valladolid y Matallana.

(2)   Alguna fuente habla de «... *un grupo de moros cautivos propiedad de Vivero* ...». Vid. *Castilla y León. Castillos y Fortalezas*. F. Cobos y J. J. de Castro. *Op cit.*, pág. 160.

(3)   Por orden del valido real don Álvaro de Luna.

(4)   Este personaje, que reunía los títulos de conde de Fuensaldaña, vizconde de Altamira y señor de Cigales, prestó un palacio vallisoletano de su titularidad para los esponsales de Isabel de Castilla y Fernando de Aragón. Otras fuentes señalan, sin embargo, a Alfonso de Vivero, nieto del primer propietario, como finalizador de las obras.

(5)   Doña Inés de Guzmán Dávila fue esposa del iniciador de las obras y madre de su finalizador.

(6)   Ocupa el lado septentrional del cuadrado de planta.

(7)   Tan notable altura venía a compensar los problemas defensivos que reportaba su situación, hundida en la llanura y dominada por alcores cercanos. Debe tenerse presente, además, que al momento de planificarse el combate se realizaba «a golpe de arma blanca». La aparición de la artillería pondría de manifiesto algunos déficits defensivos.

(8)   Que debió servir de calabozo y para almacenamiento de maquinaria «de guerra».

(9)   Las de la fachada que envolvía la escalera de caracol tenían la función auxiliar de proporcionar iluminación.

(10) Vid. *Los pueblos de Valladolid...1895. Op. cit.*, págs. 174 y 175.

(11) Así, al presente se disfruta una espléndida muestra de fotografías nocturnas de castillos del entorno.

(12) Que deben comprobarse, debido a la posibilidad de cambios, a través de la página web valladolidesvino.es (Diputación de Valladolid), desde la que se pueden adquirir entradas y reservar visitas guiadas –en previsión de aglomeraciones–. Como simple referencia, al momento de redactar este texto los horarios indicados desde la administración del propio castillo son los siguientes: Del 1 abril al 30 septiembre: de martes a sábado: de 10:30 a 14 h. y de 16:30 a 20 h. Domingos y festivos: de 10:30 a 15 h. Del 1 octubre al 31 de marzo: De miércoles a sábados: de 10:30 a 14 h. y de 16 a 18 h. Domingos y festivos: de 10:30 a 15 h. Se debe insistir en la necesidad de constatar los horarios actualizados, pues pueden ser modificados.

(13) Existen tarifas diferenciadas para: general individual, visita guiada con subida a la torre del homenaje, tarifa reducida (grupos de 20 personas mínimo, carnet familias numerosas, carnet jubilados, carnet joven, carnet estudiantes y socios del Club Amigos de la Provincia), turismo escolar (alumnos de cualquier edad y ciclo formativo en viaje organizado), tarifa gratuita (menores de 12 años acompañados, titulares del carnet oficial de docente como responsable de grupo y personas con discapacidad). Los miércoles por la tarde la visita –no guiada– es gratuita.

(14) Puede reservarse, en previsión de aglomeraciones y limitación de plazas, a través de la página web antes indicada (valladolidesvino.es).

Trigueros del Valle (castillo de los Robles y Guevara)

(1) Se puede obtener información sobre horarios y tarifas en https://www.turismocasti-llayleon.com/es/arte-cultura-patrimonio/museos/castillo-encantado. Dirección postal: Calle Héroes, 12, Trigueros del Valle (Valladolid). Teléfono (+34) 686 069 677. Sirva como referencia el horario vigente al momento de redactar este texto, que diferencia un periodo estival entre el 1 de julio y el 31 de agosto (martes a domingo de 11 a 15 y de 17 a 21 h.) y otro para el resto del año (viernes en horario de tarde a partir de las 17 h. y sábados y domingos de 11 a 15 y de 17 a 21 h.). Se debe insistir en la necesidad de confirmar la información para evitar una visita frustrada, dada la posibilidad de cambio en el programa de visitas.

Villafuerte de Esgueva (castillo de Garci Franco de Toledo)

(1) Y, en particular, de su presidente D. Javier Bernad Remón.
(2) También nombrado en las fuentes históricas como Bellosillo.
(3) Heredó de su padre no solo el cargo de contador mayor, sino también su mayorazgo. Ocupó, asimismo, la dignidad de maestresala del rey (cfr. *Villafuerte. Aspectos históricos, arquitectónicos y epigráficos.* Fernando Guerra y J. Javier de Castro.
(4) Así opina Bernad Remón, J. -cfr. *Castillo de Villfuerte de Esgueva (Valladolid). Recuperación de un castillo señorial del siglo XV-.*
(5) También aparecen adosados a los muros del castillo los blasones de los linajes Mendoza, Osorio y Guzmán.
(6) Planta cuadrada.
(7) Provistos de casamatas para tiro en planta baja. Uno de tales cubos albergó una mazmorra.
(8) Con un diámetro de tres metros.
(9) Excavaciones arqueológicas realizadas en el castillo desvelaron la presencia de yeserías que debían adornar el palacio *original*.
(10) Los responsables de la restauración decidieron mantener algunas de las centenarias vigas de madera que soportaban los techos, aún capaces de continuar cumpliendo con dignidad esta función.
(11) Mediante venta suscrita en 1983 por don Jaime Álvarez de las Asturias Bohorques y Silva (9º conde de Torrepalma) y su hermana doña Mª Pilar como titulares vendedores y la Asociación Española de Amigos de los Castillos (representada por su presidente, el marqués de Sales) como parte compradora. Los vendedores habían adquirido la titularidad de doña Jacoba Álvarez de Bohorques Giráldez Chacón y Cañas, marquesa de Trijullo, quien lo inscribió a su nombre en 1873 y lo transmitió por título hereditario en testamento otorgado en 1901, según constancia obrante en el Registro de la Propiedad de Valoria la Buena (datos cortesía de don Javier Bernad).
(12) Un detallado relato de este proceso de destrucción aparece en *Castillo de Villafuerte*

Notas

de Esgueva (Valladolid). Recuperación de un castillo señorial del siglo XV, obra de Javier Bernad Remón, presidente provincial en Valladolid de la Asociación Española de Amigos de los Castillos.

(13) Al momento de redactar estas líneas un cartel colgado junto a la puerta de acceso señala a don Luis Rodríguez como responsable de las visitas y su teléfono 687 85 19 30 como número de contacto. La Asociación Española de Amigos de los Castillos publica en su página web https://www.xn--castillosdeespaa-lub.es/es/content/villafuerte-castillo-de los números de teléfono 983 683 737 y 983 683 722 para contacto. La página https://www.provinciadevalladolid.com/es/provincia/zonas-turisticas/duero-esgueva-zona/ castillo-villafuerte (Patronato de Turismo ce la Diputación de Valladolid) publicita un horario general para visitas guiadas que comprende sábados, domingos y festivos (a las 12 y 13 h.), si bien durante los meses de julio y agosto tales visitas se realizan de martes a domingo y festivos a las 12, 13 y 19 horas.

Encinas de Esgueva (castillo de los Aguilar)

(1) Cfr. *Los pueblos de Valladolid*. J. Ortega. *Op. cit.*

(2) Cfr. F. Cobos y J. J. de Castro así lo destacan, y añaden la nota de su decoración con motivos mudéjares *Castilla y León. Castillos y Fortalezas. Op cit.*

(3) Cfr. *Castilla y León. Castillos y Fortalezas*. F. Cobos y J. J. de Castro. *Op. cit.*

(4) Alguna fuente destaca que a comienzos del s. XX la titularidad correspondía a Vicente del Soto Armesto, personaje vinculado al linaje del conde de Encinas, quien lo transmitió a Cándido Moyano. Señalan las crónicas que este último desmontó las dependencias interiores, que se encontraban deterioradas. El edificio continuó siendo utilizado como vivienda de alquiler por diferentes vecinos de la villa.

(5) De este modo, la visita al interior quedaría condicionada al resultado de gestión a realizar con el consistorio municipal.

(6) Actividades musicales y gastronómicas promocionadas y participadas por ayuntamiento y vecinos de la villa. En verano y con motivo de las fiestas de la localidad se instala en el patio interior un escenario.

Restos y edificios desaparecidos

(1) Fue Cabezón cabeza de alfoz, que comprendía el territorio donde siglo y medio después nacería –o *renacería*– la capital vallisoletana.

(2) Algunas tesis sostienen la existencia de un núcleourbano anterior a su llegada.

(3) Se ha señalado que hubo de rigirse un primer alcazarejo –se atribuye a Ulit I, y se habría edificado durante los años iniciales de la invasión musulmana- y, posteriormente un Alcázar Real, de ahí que las fuentes arqueológicas hablen de "dos edificios".

(4) Situado en el entorno del monasterio y hospedería de San Benito. El caminante podrá apreciar el diseño de su cerca exterior destacado sobre el pavimento.

CAMPO DE PEÑAFIEL

(1) Atributo que se debe a la pluma de Fray Justo Pérez de Urbel.

(2) Mantiene esta *categorización comarcal*, v. gr., Amando Represa en su obra *Valladolid y sus comarcas*, editada en 1991. *Op cit*, pág. 55.

(3) Las fuentes citan ejemplos tan destacados como el castillo de Peñafiel, la catedral metropolitana o la fachada de la universidad capitalina, ciñéndonos al ámbito vallisoletano, espacio geográfico que sobrepasó el suministro.

(4) Que algunos tratados integran en la comarca "supraprovincial" de Tierras de Cuéllar, mientras otros integran a la plaza en el Campo de Peñafiel vallisoletano.

Peñafiel

(1) Reflexión de J. Manuel Parrilla en *Castillos y Murallas de Valladolid. Op. cit.*, pág 96.

(2) Otras fuentes datan en el año 975 el retorno de la plaza a dominio musulmán.

(3) Se ha puesto en boca de este conde la popular frase «*En adelante esta será la peña más fiel de Castilla*».

(4) Que año tras año ha ido incrementando el número de visitantes, hasta alcanzar cotas notables.

(5) Al redactar estas líneas, la web https://www.provinciadevalladolid.com/es/centros-turisticos-provinciales/museo-provincial-vino cita el correo electrónico de contacto info-yreservas.museodelvino@dipvalladolid.es y el teléfono 983 88 11 99. Más información en https://www.museosdelvino.es/museos/museo-provincial-del-vino-de-valladolid/.

(6) Horarios estacionales diferenciados. Como simple referencia, en la actualidad el castillo abre sus puertas de octubre a marzo de martes a domingo y festivos de 10,30 a 14,00 y de 16,00 a 18,00 horas. De abril a septiembre el horario comprende de martes a domingo y festivos de 10,30 a 14,00 y de 16,00 a 20,00 horas. En ambos periodos cierra los lunes.

Curiel de Duero (castillo roquero y palacio de los Zúñiga)

(1) Resulta muy recomendable la lectura del libro *Historia y Leyendas del Castillo de Curiel de Duero*, editado por su autor Rafael Ramos Cerveró en 2006, en el que se expone una entusiasta investigación acerca de los antecedentes históricos y los procesos de investigación arqueológica y reconstrucción que han conferido al edificio su actual vitola.

(2) Nominada en las fuentes como Leonor de Inglaterra.

(3) Cfr. *La almoneda española, el caso del castillo-palacio de Curiel de Duero*, extenso artículo firmado por Francisco Javier Fernández Ortega y publicado en *Castillos de España*, Revista de la Asociación Española de Amigos de los Castillos nº 182 (2020) -https://dialnet.unirioja.es/servlet/articulo?codigo=7798809-

(4) No faltan autores que señalan que la intervención de Enrique III se limitó a confirmar la transmisión que había realizado su padre Juan I.

Notas

(5)   Quien adquirió de la casa de Béjar el *castillo de arriba* y el *palacio de abajo.*

(6)   Se ha achacado la falta de mantenimiento del edificio al desinterés del linaje propietario, debido al decremento de los ingresos que desde siglos atrás venían generando el señorío. Cfr. *Historia y Leyendas del Castillo de Curiel de Duero, Op. cit,* pág. 160.

(7)   También reseñado en los tratados de Historia como Estúñiga o Zúñiga.

(8)   Cfr. Cfr. *La almoneda española ... Op. cit.* Pág 60.

(9)   *Cfr. Historias y Leyendas...* Rafael Ramos. *Op cit.* Este tratado detalla minuciosamente todas las características del castillo original que la labor arqueológica ha puesto al descubierto.

(10) No se descarta que hubiese podido estar dedicado a funciones de aljibe para almacenamiento de agua. Cfr. *Historias y Leyendas...* Rafael Ramos. *Op. Cit.,* págs. 35 y 36.

(11) *Vid. Catálogo Monumental. Antiguo Partido Judicial de Peñafiel.* Enrique Valdivieso. Ed. Diputación de Valladolid, 1975.

(12) Alguna muestra de sus artesonados recaló en el Museo Arqueológico de Madrid, mientras otros recursos ornamentales emprendieron triste viaje, v. gr., a tierras californianas.

(13) Datos relativos a la *Residencia Real Castillo de Curiel* pueden obtenerse a través de la página web https://www. castillodecuriel.com/

(14) La página https://www.provinciadevalladolid.com/es/curiel-duero señala como direcciones electrónicas para obtener información turística: turismocuriel@valledelcuco.es e info@valledelcuco.es.

Restos y edificios desaparecidos

(1)   Así lo propone Enrique Valdivieso en *Catálogo Monumental... Op. cit.,* pág 287.

Otros lugares de interés

(1)   Nieta del conde Ansúrez.

(2)   Visita sujeta a horario que debe ser consultado. Al presente establece dos periodos. Del 1 de abril al 30 de septiembre: martes a sábado y festivos: 10:15-13:45 h. / 16-19:45 h.; Domingo: 10:15-13:45 h. Del 1 de octubre al 31 de marzo: martes a sábado: 10:15-13:45 h. / 15-18:45 h.; Domingo: 10:15-13:45 h. Cierra los lunes. Visita condicionada a la celebración de eventos y cultos. Correo electrónico: tienda@lasedades.es. https://www.provinciadevalladolid.com/es/san-bernardo/cultura-patrimonio/monasterio-santa-maria-valbuena-valbuena-duero.

Maestros canteros y alarifes

(1)   Este autor propone como equivalentes al *maestro cantero, maestro mayor* o *maestro de las obras. Vid Castillos señoriales de la Corona de Castilla.* Edward Cooper. Ed Junta de Castilla y León, 1991.

(2)   Vid. *Castilla y León. Castillos y Fortalezas*. Fernando Cobos Guerra y José Javier de Castro Fernández. Edilesa, León, 1998.

TIERRAS DE PINARES, DE MEDINA Y DEL VINO

(1)   División administrativa de raigambre medieval, constituida por una parte del alfoz dependiente de una circunscripción de rango mayor.

(2)   Cfr. *Valladolid y sus comarcas*, Amando represa, *Op. cit.*, pág 65.

(3)   Se cita la intervención del conde Ansúrez, fundador –o refundador– de Valladolid

(4)   Ya se indicó que la actual división provincial del territorio español obedece a un Decreto impulsado por Francisco Javier de Burgos, secretario de Estado y del Fomento General del Reino designado por el gobierno dirigido por el secretario de Estado Francisco Cea Bermúdez en tiempos del reinado en minoría de edad de Isabel II bajo regencia de María Cristina de Borbón.

Portillo

(1)   Otros tratados relacionan su antecedente etimológico con la *Porta Augusta* romana que se menciona en algunas viejas crónicas.

(2)   Debe actualizarse la información antes de la visita, toda vez que el horario puede variar en función de condiciones climatológicas o el desarrollo de determinados eventos que puedan afectar a las visitas. Se puede contactar con los responsables de visitas a través de las direcciones electrónicas castillo@castillodeportillo.com y turismo@portillo.gob.es y de los teléfonos de la Asociación de Amigos de los Castillos (630 488 655 y 679 621 933) y de la Oficina de Turismo (636 187 430). Al momento presente, se indica junto a la puerta principal un horario de visitas de mañana en sábados, domingos y festivos (todo el año) de 11 a 13:30 h., mientras el de tarde diferencia de noviembre a febrero (de 17 a 18 h.) y de marzo a octubre (de 17:30 a 19:30 h.). Cierra los días 1 y 6 de enero y 24, 25 y 31 de diciembre. Se pueden realizar visitas guiadas con reserva previa. Información en internet: https://www.castillodeportillo.com. Los menores deben ir acompañados por un adulto, pues la visita a la torre del homenaje y el descenso al pozo requieren cierta prudencia.

Íscar

(1)   Celebérrimo por su cita en el *Cantar del Mio Cid*.

(2)   También citado como Estúñiga o Stúñiga.

(3)   Con una cuantiosa inversión, apoyada por otras entidades públicas y privadas.

(4)   A tal fin se orienta el proyecto impulsado por el consistorio denominado *Construye y defiende tu castillo*, que ha congregado a buen número de jóvenes estudiantes y entidades docentes. Pretende inculcar en los más pequeños, mediante su participación

Notas

en propuestas lúdicas, el sentido de la responsabilidad cultural para la conservación del patrimonio histórico (-vid. http://www.villadeiscar.es : Construye y defiende tu castillo)

(5) Horario habitual: sábados y domingos de 12:30 a 22:00h. Se debe actualizar información a través de la web villadeiscar.es.

(6) Al momento presente se puede obtener información de la empresa concesionaria en Castellumiscar.com y en el teléfono 696 30 57 57.

(7) Grupos a partir de diez personas. Teléfonos de la Oficina de Turismo: 983 61 27 03 y 606 68 82 73. Sujeta a tarifa.

Medina del Campo (castillo de la Mota)

(1) Cfr. *Los pueblos...* J. Ortega Rubio. *Op. cit.*, pág. 207 (I).

(2) También intervino en la restauración de la iglesia mozárabe de San Cebrián de Mazote.

(3) Vid. Catálogo Monumental de la Provincia de Valladolid. Medina del Campo. Tomo III. Esteban García Chico. Diputación de Valladolid, 1991. Pág 18. Cita este autor investigaciones del catedrático José María Azcárate.

(4) Elemento arquitectónico también denominado *torre caballera*. Se trata de una edificación con forma de torreta que se construye sobre el techado de otra torre de mayor empaque.

(5) Reproduce la que se instaló en el hospital madrileño de La Latina.

(6) Nombre con el que se conocía a Beatriz Galindo. Está documentada la intervención en la obra original del alarife Hazan.

(7) Información en https://www.castillodelamota.es/ y http://medinadelcampo.es/castillo-de-la-mota. Teléfonos para concertación de visitas: (+34) 983 81 27 24 y (+34) 983 81 0063. Horario de visitas del 1 de octubre al 31 de marzo: de lunes a sábado (11:00 a 14:00 y 16:00 a 18:00 h.); domingos y festivos (11:00 a 14:00 h.). 1 de abril al 30 de septiembre: de lunes a sábado (11:00 a 14:00 y 16:00 a 19:00 h.), domingos y festivos (11:00 a 14:00 h.) –visitas guiadas de martes a domingo; excepcionalmente algún lunes–. Horario del Centro de Visitantes (tel.: 983 81 27 24): Verano, lunes (11:00 a 14:00 y 16:00 a 19:00 h.), martes a sábado (10:00 a 14 y 15:45 a 18:00 h.), domingos y festivos (10:00 a 14:00 h.). Invierno, lunes (11:00 a 14:00 y 16:00 a 19:00 h.), martes a sábado (10:00 a 14:00 y 15:45 a 18:00 h.), domingo y festivo (10:00 a 14:30 h.). El Centro de Visitantes permanece cerrado los días 1, 2 y 6 de enero y 25 y 26 de diciembre (días 24 y 31 de diciembre, únicamente horario de mañana). Dirección de contacto: Avenida del Castillo, 47400 Medina del Campo (Valladolid) Tel. +34 983800552 y +34 983801024.

Olmedo (muralla)

(1) Vid. *Los pueblos...* J. Ortega. *Op cit.* Pág. 284 (II).

Fuente el Sol (castillo de los Bracamonte)

(1) Los medios de comunicación señalan que, en la actualidad, el edificio se encuentra a la venta.

Restos y edificios desaparecidos

(1) Cfr. *Los pueblos* ... J. Ortega. *Op. cit.* Pág 315 (II).
(2) Vid. *Los castillos señoriales* ... *Op cit.* Pág 445.
(3) Vid. *Los pueblos* ... J. Ortega. *Op cit.* Pág 314 (II).
(4) Cfr. *Catálogo Monumental* ... J. C. Brasas. *Op. cit.* Pág. 151.
(5) Vid. Así lo indica Enrique Valdivieso, con cita de P. Palol y F. Wattemberg en *Catálogo Monumental. Antiguo Partido Judicial de Peñafiel*. Pág. 272. Diputación de Valladolid, 1975.

Otros lugares de interés

(1) Las espléndidas maquetas son obra del pintor, escultor y destacado miembro de la Unión Artística Vallisoletana, natural de la villa, Félix Arranz Pinto. Un busto homenajea su memoria junto a la entrada del parque.

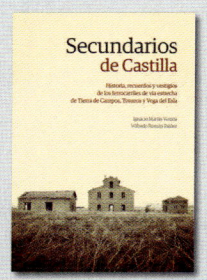

Secundarios de Castilla

IGNACIO MARTÍN VERONA
WIFREDO ROMÁN IBÁÑEZ

**Latidos en blanco y negro.
Medina de Rioseco: Memorias
de un pueblo en ventanas de papel**

VIRGINIA ASENSIO
FERNANDO FRADEJAS

**Historia de la música
en Medina de Rioseco
hasta los albores del siglo XXI**

PABLO TORIBIO GIL

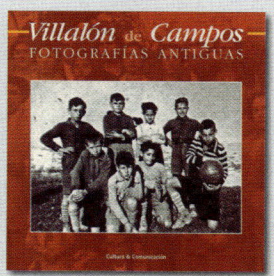

**Villalón de Campos:
Fotografías antiguas**

VV.AA.

**Villalón de Campos:
Historia y patrimonio artístico.
Del siglo XIV al XVI**

CARLOS DUQUE HERRERO

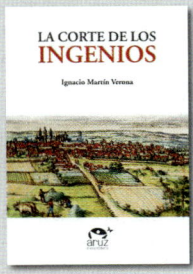

La corte de los ingenios

IGNACIO MARTÍN VERONA

El Canal:
El sueño ilustrado y sus pueblos
ribereños. Navegando por Palencia,
Burgos y Valladolid

EDUARDO GUTIÉRREZ PÉREZ

Las Loras:
Memoria de la Tierra

VV.AA.

Plantas de uso tradicional
en Páramos y Valles Palentinos

JUAN CRUZ PASCUAL
BAUDILIO HERRERO

Cuentos de la Sierra
de la Culebra

MANUEL ÁNGEL SANABRIA CARRETERO

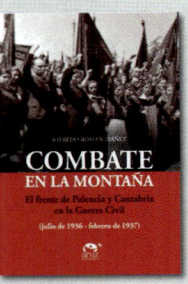

Combate en la Montaña I:
El frente de Palencia y Cantabria
en la Guerra Civil
(julio de 1936 - febrero de 1937)

WIFREDO ROMÁN IBÁÑEZ

**Palencia: Momentos, personajes
y lugares para la historia**

JAVIER DE LA CRUZ MACHO

**Palencia: Momentos, personajes
y lugares para la historia (2)**

JAVIER DE LA CRUZ MACHO

**Carrión de los Condes:
Arte, historia y tradiciones**

LORENA GARCÍA GARCÍA

**Mis amigos y otros animales.
Andanzas de un naturalista
de pueblo**

ROBERTO RODRÍGUEZ MARTÍNEZ

**Tordesillas:
Fotografías antiguas**

VV.AA.

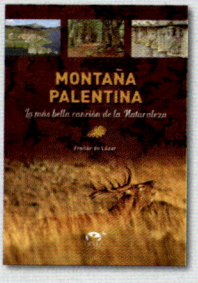

**Montaña Palentina:
La más bella canción
de la Naturaleza**

FROILÁN DE LÓZAR